W9-CNV-335

LINGUISTIQUE APPLIQUÉE

Collection dirigée par B. QUEMADA

Pierre R. LÉON

PRONONCIATION
DU
FRANÇAIS STANDARD

AIDE-MÉMOIRE D'ORTHOÉPIE

Jane Sledd
726 S. Division
A² 662-2377

Didier

« La loi du 11 mars 1957 n'autorisant, au terme des alinéas 2 et 3 de l'article 41, d'une part, que les « copies ou reproductions strictement réservées à l'usage privé du copiste et non destinées à une utilisation collective » et d'autre part, que les analyses et les courtes citations dans un but d'exemple et d'illustration, « toute représentation ou reproduction intégrale, ou partielle, faite sans le consentement de l'auteur ou de ses ayants droit ou ayants cause, est illicite » (alinéa 1er de l'Article 40) — « Cette représentation ou reproduction, par quelque procédé que ce soit, constituerait donc une contrefaçon sanctionnée par les Articles 425 et suivants du Code Pénal ».

© *Librairie Marcel Didier, Paris, 1966 Printed in France.*

2e édition, revue et corrigée, Paris, 1972.

3e édition, revue et corrigée, Paris, 1976.

4e édition, revue et corrigée, Paris, 1978.

ISBN 2-278-00153-1

PRONONCIATION
DU FRANÇAIS STANDARD

« Il faut surtout que le pédantisme orthoépique ne nous fasse pas oublier cette belle
leçon de tolérance que nous donnent les
faits ».

André MARTINET,
La prononciation du français contemporain

DU MÊME AUTEUR

CHEZ LE MÊME ÉDITEUR : Didier, Montréal - Paris - Bruxelles.

Laboratoire de Langues et Correction Phonétique, 2ᵉ édition 1967, 277 p.

Recherches sur la structure phonique du français canadien, (Éd.), 1969, 233 p. (Studia Phonetica 1).

Prolégomènes à l'étude des structures intonatives, (En collaboration avec P. Martin), 1970, 225 p. (Studia Phonetica 2).

Prosodic Feature Analysis / Analyse des faits prosodiques, (Éd. avec G. Faure et A. Rigault), 1970, 219 p. (Studia Phonetica 3).

Essais de phonostylistique, 1971, 185 p. (Studia Phonetica 4).

Problèmes de l'analyse textuelle, (Ed. avec H. Mitterand et al.) 1972, 199 p.

Interrogation et intonation, (En collaboration avec A. Grundstrom), 1973, 167 p. (Studia Phonetica 8).

The Pronunciation of Canadian English (Ed. avec Ph. Martin), (à paraître, 1979).

L'accent en français contemporain (Ed. avec Ivan Fónagy), (à paraître, 1979).

CHEZ D'AUTRES ÉDITEURS :

Introduction à la phonétique corrective, en collaboration avec Monique Léon, Paris, Hachette-Larousse, 1964, 98 p. 4ᵉ édition 1976.

Linguistique appliquée et enseignement du français (Éd.) Montréal, Centre Éducatif et culturel, 1967, 160 p.

Le français international, Vol. II, en collaboration avec G. et F. Rondeau, J. P. Vinay et M. Léon, Montréal, Centre Éducatif et Culturel, 1967, 239 p.

La phonologie, (En collaboration avec E. Burstynsky et H. Schogt), Paris, Klincksieck 1976.

L'analyse du discours (Ed. avec H. Mitterand), Montréal, Centre Éducatif et Culturel, 1976.

Linguistique expérimentale et appliquée, Montréal, *Canada*, Vol. II (Ed.), Centre Éducatif et Culturel, 1976.

Les structures du français, (En collaboration avec H. Mitterand), Nathan, Paris, (à paraître).

Perspectives de France (En collaboration avec M. Léon, O. Haac et A. Bieler), Englewood, Prentice Hall, 1977.

Le Français Moderne
(Vol. 36, n° 3, pp. 232-234)

Cette façon d'aborder les problèmes posés par la prononciation française présente, à notre avis, de multiples avantages : elle vise à l'essentiel et élimine par conséquent de nombreuses subtilités phonétiques. Tout en donnant de la prononciation française des tableaux conforme à la norme la plus stricte, elle intègre les nombreuses latitudes de fait dans un système cohérent et offre ainsi à l'étudiant des points de repères qui lui permettent de situer par rapport à la norme les écarts qu'il ne manquera pas d'entendre, de les expliquer et de les comprendre. A la jungle du phonétisme tel qu'il est présenté dans trop de manuels, P. Léon substitue un parc à la française aux allées bien tracées, sans négliger toutefois le sous-bois aux multiples détours.

Tout compte fait, cet aide-mémoire constitue une excellente introduction à l'aspect linguistique de la prononciation française grâce à laquelle les étudiants français ou étrangers pourront améliorer leur prononciation tout en acquérant des vues justes sur un des systèmes de la langue.

Cet excellent manuel unit de façon heureuse une information linguistique très sûre, une grande clarté et — nous en sommes convaincu — une efficacité pédagogique tout à fait remarquable. Chaque chapitre est bâti selon un plan cohérent et progressif, est illustré de tableaux clairs, et est accompagné de problèmes à résoudre et d'exercices de transcription phonétique. Sans être un cours « programmé » au sens strict du terme, l'ouvrage est conçu de telle façon qu'il permet à l'étudiant de travailler largement par lui-même en vérifiant constamment, grâce aux corrigés, le progrès de ses études.

Ajoutons que ce manuel contient une bibliographie de quatre-vingt-dix titres très bien choisis et accompagnés de commentaires judicieux.

En résumé, la Prononciation du français standard *est, à notre avis, un ouvrage en tout point excellent qui devrait rendre les plus grands services aux professeurs et aux étudiants de français, langue maternelle ou langue étrangère.*

(André Rigault, Mc Gill University)

Le Français dans le Monde
(n° 43, p. 54)

Les tableaux synoptiques faciles à lire — une fois qu'on a pris la peine de comprendre deux ou trois termes techniques — font apparaître clairement le mécanisme de la distribution des sons. Et l'originalité de cet ouvrage est de faire ressortir l'essentiel par rapport au secondaire, les distinctions phonologiques en face des variantes phonétiques.

Dans une optique structuraliste — où l'on reconnaîtra l'influence de Georges Gougenheim et d'André Martinet — Léon expose brièvement et simplement les facteurs de l'économie du système phonique français. Ainsi explique-t-il la disparition d'oppositions instables telle que in/un : *phonèmes acoustiquement très proches et surtout de faible rendement; le plus coûteux disparaît au profit de l'autre. En ce qui concerne le timbre des voyelles inaccentuées, l'auteur concède aux traditionalistes les variantes connues mais là encore met en garde contre une vue non réaliste de la question. Le point de vue fonctionnel remet les choses à leur juste place.*

Ajoutons que la bibliographie critique de la fin du volume est à jour et très bien organisée. Elle est à elle seule un instrument de travail précieux. L'ensemble de l'ouvrage apparaît somme toute comme un exposé original, clair et précis, d'une matière importante que l'auteur a su replacer dans une nouvelle optique linguistique.

(Pierre Capretz, Yale University)

The French Review
(n° 43, p. 54)

The extremely schematic presentation permits easy comparison of the various vowels. There follow some exercises for transcription, for which Professor Leon rightly claims a significant place in the study of pronunciation. Next, there is a series of problems in which the student is asked, for example, to finit other words illustrating the same phonetic principle. A final section is devoted to phonemics. The student is shown which of the phonetic distinctions he has just been studying have phonemic importance.

The fifth section is comprised of a series of supplementary transcriptions, in which much attention is paid to the stylistic level of the passage and its effect on pronunciation.

There are keys at the end of the book for all the transcription exercises and problems. Thus, although not a programmed text, the book can be used with a minimum of guidance by the teacher. And, finally the author has included an extremely useful bibliography of some ninety items.

Throughout, the book is methodical and accurate.

It must be said, however, that despite the author's systematic presentation and his efforts towards simplification, this is not a book for the beginning or even the intermediate student. Professor Léon recommends that the student be already familiar with all the sounds of the language. It is a book which might be very successfully used in an advanced course for undergraduate French majors or for a basic course in phonetics for graduate students.

(R. R. Nunn, Bowdoin College)

Le Français Moderne
(Vol. 39, p. 171, avril 1971, n° 2)

Les travaux et manuels d'orthoépie jalonnent une importante évolution : Passy, Nyrop, Martinon, Rousselot, Barbeau et Rhodes, Bruneau, Grammont, Marouzeau, Fouché, Straka, Sten, Peyrollaz, Gougenheim, Martinet, Delattre, Remacle, Derners et Charbonneau, Boudreault et dernièrement l'excellente Prononciation du français standard de P. R. Léon.

(F. Carton, Université de Nancy II)

**Les *exercices* du présent ouvrage
sont enregistrés sur 3 *bandes magnétiques*.**

TABLE DES MATIÈRES

II. CONSONNES

III. LIAISONS

IV. MOTS SPÉCIAUX

V. EXERCICES SUPPLÉMENTAIRES DE TRANSCRIPTION PHONÉTIQUE

INDEX DES GRAPHIES

Cet ouvrage est conçu en partant des sons pour retrouver les graphies. Mais il peut être utile également de partir de la graphie pour retrouver le son. L'index ci-dessous indique sommairement les graphies étudiées.

Les chiffres renvoient aux principaux chapitres où sont traités les problèmes graphiques.

AVANT-PROPOS
de la première édition

L'orthoépie définit les règles de la prononciation par rapport aux règles graphiques et énonce les lois phonétiques qui gouvernent le système phonique d'une langue. C'est en somme la « grammaire des sons d'une langue ».

On ne commence plus l'apprentissage d'une langue par la grammaire. Mais la grammaire permet, lorsqu'on sait parler, de clarifier, en les ordonnant, les notions qu'on a apprises. De même, *cet aide-mémoire d'orthoépie est destiné aux étudiants qui veulent classer les sons qu'ils ont appris en les rattachant soit aux structures sonores, soit aux graphies du français.*

Il y a un grand nombre de prononciations différentes sur tout le territoire français (voir : Martinet, *La prononciation du français contemporain*). Mais, à côté de toutes les variantes possibles, il existe une *norme standard*, définie par de nombreux traités de prononciation (voir par exemple : P. Fouché, *Traité de prononciation française*) Cette norme est souvent interprétée d'une façon trop rigide par les étudiants étrangers qui perdent leur temps à apprendre des subtilités au lieu de corriger l'essentiel de leur accent d'abord. C'est pourquoi il nous a paru nécessaire de tenir compte à la fois du modèle idéal du « bon usage » mais aussi des latitudes acceptées par tous les sujets parlants. En résumé, nous avons voulu :

1. Présenter non pas un traité détaillé de *toutes* les règles de prononciation française mais un opuscule aussi *schématique et simplifié que possible de ces règles, sur un plan aussi pédagogique que possible.*

2. Indiquer, à côté de la norme phonétique, *les tolérances admises et les tendances actuelles de la prononciation française.*

Il nous a paru surtout nécessaire de modifier la présentation traditionnelle qui va de la graphie au son. Les nouvelles méthodes audio-orales enseignent la structure sonore de la langue d'abord. Il s'agit ensuite de retrouver les équivalences graphiques. Nous avons essayé de nous en tenir le plus possible à cette démarche : *du son aux signes graphiques.* Mais la présentation adoptée, sous formes de tableaux synoptiques, permet de partir aussi bien des graphies si on le désire.

Enfin nous avons voulu insister non pas sur les subtilités des exceptions aux règles mais sur l'*aspect linguistique du problème*, qui a été le plus souvent négligé ou ignoré dans les traités d'orthoépie. Nous avons tenté de faire prendre conscience de l'importance de la *distribution*, de la *fréquence d'emploi* et de l'*aspect fonctionnel des sons.* En étudiant les tableaux de présentation des sons on verra ainsi que certains d'entre eux n'apparaissent presque jamais en initiale comme le [ɲ], que certaines graphies ne sont jamais employées en finale absolue comme le *v*, etc. On verra que certaines voyelles comme le [ɑ] de *pâtes* ne représentent dans la langue parlée que 0,2 % des cas contre 8 % pour le [a] de *patte*. On s'apercevra que certains sons remplissent une fonction linguistique importante comme le *i* par rapport au *u*, alors que d'autres voyelles ont des timbres qui peuvent varier sans entraîner de changement dans le sens du mot. Prononcer le *ai* de m*ai*son comme le *ê* de fenêtre ou comme le *é* de *thé*, n'a pas d'importance pour la compréhension du mot. *Nous donnerons ici la prononciation standard* admise officiellement mais nous indiquerons toujours les latitudes auxquelles on peut s'attendre de la part des francophones, sans qu'il y ait faute linguistique.

Conseils aux étudiants pour l'utilisation de cet aide-mémoire

Les étudiants débutants peuvent ignorer les *Remarques* qui ne concernent que les cas exceptionnels et se dispenser de répondre aux questions des *Problèmes*. Mais il faudra toujours :

1. Écouter l'enregistrement qui correspond aux *Exercices de transcription phonétique*. (Écouter avec le livre fermé.)

2. Écouter à nouveau en *suivant la transcription phonétique*. (Écouter plusieurs fois. La transcription phonétique est donnée à la fin du livre.)

3. Écouter à nouveau en suivant le texte orthographique.

4. S'exercer à transcrire le texte orthographique (sans regarder la transcription). Vérifier la transcription à l'aide des « clés » et, à partir de la transcription s'exercer à retrouver la graphie.

Pour les étudiants plus avancés, continuer en s'exerçant à :

5. Étudier le tableau des équivalences sons-graphies.

6. Répondre aux questions des problèmes. (La solution se trouve toujours indiquée dans la leçon. Si on ne la trouve pas, se reporter aux *Clés* de la fin du livre.) Ce travail doit permettre de mieux comprendre la leçon.

7. Étudier l'aspect phonémique de la leçon.

8. Réécouter l'enregistrement, transcrire le texte à nouveau et répéter les exemples à voix haute plusieurs fois.

Conseils aux professeurs

On a souvent exagéré l'importance des règles d'orthoépie. Elles ne constituent qu'un aspect de la prononciation, puisqu'elles concernent surtout le timbre des phonèmes. L'usage de cet aide-mémoire ne peut donc dispenser des exercices orthophoniques concernant le phonétisme français. (Voir à ce sujet *Introduction à la Phonétique corrective* et *Exercices systématiques*.)

Néanmoins à un certain stade que le professeur seul saura déterminer, l'étude des règles d'orthoépie sera nécessaire.

Dans cette étude, qui doit être une mise au point des connaissances déjà acquises par la pratique, l'essentiel est d'obtenir avec un minimum d'effort et de temps, un maximum d'*efficacité*. Le meilleur moyen pour cela est de laisser les étudiants travailler seuls, à leur propre rythme, comme dans un COURS PROGRAMMÉ, avec le livre et l'enregistrement sonore. (On a beaucoup médit de la transcription phonétique. En fait, elle est très facile à apprendre et elle peut être un excellent moyen mnémo-technique. Il suffit seulement de lui donner la place qu'elle mérite — après les exercices pratiques oraux.)

Le rôle du professeur sera — (une fois par semaine cela suffit généralement pour l'aspect orthoépique de la prononciation) — de *contrôler* les acquisitions, en *expliquant* en outre ce qui aurait pu être mal compris, et de *préparer* à une nouvelle leçon.

Le professeur doit éviter de passer trop de temps à répéter ou à relire les règles du livre; mais il devra, si c'est nécessaire les réexpliquer. Le déroulement d'une classe *pratique* peut se schématiser ainsi :

1º *Contrôle des progrès par la reconnaissance auditive.*

Ce contrôle est fait de tests rapides, individuels (ou collectifs si la classe est nombreuse).

Le professeur, par exemple, lit lentement une à une les phrases de l'exercice et chacun signale à tour de rôle le timbre des voyelles étudiées. Le professeur peut faire exécuter ce même exercice sur les mots de la leçon et utiliser également la technique du « vrai ou faux ». Les étudiants relèvent les erreurs de timbre, de rythme, de longueurs, d'E caducs, etc... On reprend collectivement l'émission *correcte* plusieurs fois. (On doit faire cet exercice quelques minutes seulement.) Des contrôles individuels rapides sont effectués. (Durée totale : environ 10 minutes.)

2º *Contrôle des progrès par la transcription phonétique.*

Ce contrôle vérifie à la fois les progrès en transcription phonétique (qui doivent être très rapides, puisque les étudiants peuvent s'entraîner à l'aide des clés des exercices) et teste, là encore, les progrès en reconnaissance auditive.

Des étudiants sont envoyés successivement au tableau pour transcrire en phonétique la dictée de quelques-unes des phrases de « l'exercice de transcription » préparé. Pour les groupes les moins avancés, le professeur s'en tient aux phrases exactes du livre en en changeant seulement l'ordre. Avec les étudiants les plus avancés, le professeur peut modifier quelque peu les phrases, s'il le désire ou — mieux encore — accélérer le rythme de la dictée. Tous les étudiants participent à cette dictée, livre fermé. Le professeur peut relever quelques copies pour s'assurer des progrès obtenus. Mais en règle générale, la correction faite au tableau est toujours donnée immédiatement, avec les *explications* nécessaires. Ces explications devront autant que possible être trouvées par les élèves. (Durée totale : environ 15 minutes.) On reprend chaque fois qu'on le peut des exercices antérieurs.

3º *Contrôle des progrès par la production orale.*

Ce contrôle est destiné à vérifier si les règles ont été assimilées, si les étudiants sont capables de lire une transcription phonétique et de la rapporter au texte orthographique. Mais il faut aussi profiter de ce contrôle pour signaler rapidement toute faute imputable aux causes profondes des accents étrangers. Ce cours n'est pas essentiellement « orthophonique » mais on ne doit pas manquer de signaler les fautes lorsqu'on peut le faire.

Le professeur fait lire les « Exercices », d'abord en partant de la transcription phonétique. Puis il fait faire l'opération inverse en partant de la graphie. Toute faute est signalée par les autres étudiants. L'émission correcte trouvée est alors reprise collectivement. Chaque étudiant doit s'être préparé à lire rapidement toute phrase qu'on lui indique. Chaque lecture est reprise collectivement. (Durée totale : environ 10 minutes.)

Pour les étudiants avancés, le professeur s'assure que les réponses aux *Problèmes* peuvent être données. (La clé se trouve à la fin du livre.)

Quelques minutes sont réservées à deux ou trois courtes improvisations de l'élève sur un sujet libre au cours desquelles le professeur signale surtout les fautes se rapportant à la leçon. (Durée totale : 5 minutes ou plus.)

4º *Préparation de la leçon suivante.*

Le professeur indique la leçon suivante et montre aux étudiants les grandes lignes indispensables à connaître, lit des exemples, fait répéter collectivement les plus importants, s'assure par quelques sondages individuels que la difficulté a été comprise, les sons entendus et invite les étudiants à aller étudier plus tard, la leçon à l'aide des enregistrements. (Durée totale : environ 10 minutes.)

Ces indications n'ont rien d'absolu et chaque professeur pourra les utiliser à sa manière. D'autre part, le découpage des leçons proposées est largement arbitraire. Le professeur pourra choisir un ordre différent, selon les besoins de ses étudiants. Certains préféreront une mise au point sur les graphies des voyelles nasales d'abord, puis sur l'E muet et les liaisons avant d'aborder la prononciation du double timbre des voyelles... Mais à moins d'urgence, il sera préférable de respecter l'ordre établi, au moins quant à la progression dans la difficulté des transcriptions phonétiques.

Pour les étudiants les moins avancés, on pourra utiliser seulement les principales règles, avec les autres, on insistera sur les *tolérances* que représentent les *tendances du phonétisme* français actuel. Les marges découvertes entre l'aspect *phonémique* et les *aspects phonétiques* pourront être illustrées facilement par l'audition de disques d'interviews par exemple. Cet exercice sera une bonne introduction à l'étude *phonostylistique* en même temps qu'un excellent *entraînement auditif.*

Ainsi conçu, ce travail d'entraînement à la transcription d'après l'audition et les règles présentées, doit être facile. Il le sera d'autant plus que le professeur exigera une préparation sérieuse et régulière de ses étudiants et qu'il conservera son rôle essentiel qui n'est pas de livrer des secrets ex-cathedra mais de guider avec efficacité.

Les questions posées dans les *Problèmes* ainsi que celles brièvement traitées dans la rubrique *Phonémique* pourront constituer une introduction élémentaire à l'aspect *linguistique* de la prononciation. Ceux qui souhaiteraient étudier ces questions plus à fond trouveront quelques indications dans les références bibliographiques, à la fin de ce volume.

AVANT-PROPOS
de la deuxième édition

Plusieurs comptes rendus de cet ouvrage ont paru dans différentes revues françaises et étrangères. Je suis très reconnaissant à tous les collègues qui ont bien voulu prendre la peine d'examiner attentivement cette nouvelle présentation des règles de la prononciation française. Il m'est particulièrement agréable de remercier André Rigault, chairman du département de linguistique à Mc Gill University, Pierre Capretz, directeur du laboratoire de langues de Yale University et Michel Gauthier, professeur à l'Institut des professeurs de français à l'étranger, de la Sorbonne, pour leurs critiques pertinentes et constructives.

C'est essentiellement à partir de leurs objections que j'ai révisé certains points de la théorie exposée, en particulier pour le traitement des semi-voyelles et du A.

Je me dois de rappeler ici une critique parue dans un numéro de la *French Review* (déc. 1967), où on me reproche de n'avoir pas compris ce qu'est la correction d'un accent étranger. L'auteur écrit : « *the essential characteristics of an accent are primarily the product not of the details that comprise the individual phonemes but rather the « covering features »*, *which include muscular tension, fronting, lip-rounding, etc... These remain more or less constant for a given language, whereas the segmental features vary widely* ».

Et, comme il n'avait probablement pas eu connaissance des travaux que j'avais publiés sur la question entre 1960 et 1967 (voir bibliographie n° 25 à 27), et que, d'autre part, il n'avait pas compris l'*Avant-Propos* où je rappelais la définition bien connue de l'orthoépie, cet auteur conclue allègrement :

« *in view of the general acceptance of this principle, it is surprising that Léon should have taken such a bold step backward.* »

De cette phrase lapidaire, je me permettrai de rapprocher un autre compte rendu de la « *French Review* », (vol. 43, n° 1, oct. 1969, p. 143), dans lequel Robert R. Nunn rappelle, avec une grande objectivité, ce que j'avais écrit pour définir les buts visés dans mon livre :

« *Orthoepy, Professor Léon explains, defines the rules of pronunciation with respect to the rules of spelling. At some point in the study of French, the student must learn these rules. This book aims to present them in as clear a way as possible. Professor Léon points out that the work is in no way intended as a manual of exercises for the correction of pronunciation. (He has already considered that problem in his* **Introduction à la phonétique corrective** *and his* **Exercices systématiques de prononciation française***)*. He tells us further that he has tried* (1) *to present the rules in as simplified and as pedagogically sound a way as possible and,* (2) *while stressing phonetic norms, to show the accepted variants as well as current tendencies in pronunciation.* »

---

* Les *Exercices systématiques de prononciation française* sont de Monique Léon, Hachette-Laroussse. Paris, 1964. Monique Léon est également co-auteur de l'*Introduction à la phonétique corrective* (Hachette-Larousse, Paris, 1964 et 1966) où sont exposés en effet, les principes pour la *correction* d'un accent étranger et non des règles d'orthoépie.

C'est ce qu'a clairement compris également Pierre Capetz dans son compte rendu du *Français dans le Monde* (N° 43, p. 54), qui fait excellement le point des différentes optiques en présence :

« *Il existe de nombreux ouvrages sur le sujet de la prononciation française les uns, comme celui d'André Martinet (**Prononciation du français contemporain**) prennent une position descriptive et montrent les nombreuses variantes régionales d'un système infiniment complexe; d'autres, comme celui de Pierre Fouché (**Prononciation française**) sont d'un normatisme quelque peu rigide et, par le foisonnement de règles et d'exceptions exposées, deviennent d'un maniement difficile et parfois rebutant. Pierre Delattre (**Principes de phonétiques**) reflétait sans doute un juste milieu, en enseignant quelques règles simples au fur et à mesure de l'acquisition phonique, chez les étudiants anglo-américains. Mais il manquait, pour étudiants avancés, un livre de référence à la fois concis, précis, clair et complet. C'est ce que nous apporte aujourd'hui le livre de Pierre R. Léon, sur la **Prononciation du français standard** (Paris, Didier, 1966, 192 p.) Cet ouvrage nous sera en effet précieux à plus d'un titre. Il vient d'abord compléter l'autre volume bien connu de P. et M. Léon, l'**Introduction à la phonétique corrective**, récemment couronné par l'Académie française. Ce nouveau livre n'est pas, cette fois, destiné à l'orthophonie. Il s'agit d'un traité d'orthoépie, dont la première version publiée par le Centre de Linguistique Appliquée de Besançon, remonte à 1961. Il s'adresse aux étudiants qui ont déjà maîtrisé les premières difficultés de l'acquisition phonique du français.* »

André Rigault a très bien vu également dans le « *Français moderne* » (vol. 36, n° 3, pp. 232-234) les buts réels que je m'étais assignés lorsqu'il remarque :

« *Cet aide-mémoire constitue — malgré le sous-titre modeste — un traité de prononciation française. P. Léon réussit le tour de force d'être à la fois conservateur et progressiste, phonéticien très bien informé et linguiste averti, et surtout, excellent pédagogue. Orthodoxe, il l'est, puisqu'il donne La prononciation standard admise officiellement, mais cette orthodoxie est tempérée par un libéralisme de bon aloi : rejetant tout phonétisme tatillon, l'auteur indique à côté de la norme phonétique « les tolérances admises... les latitudes auxquelles on peut s'attendre de la part des francophones, sans qu'il y ait de faute linguistique ». Autrement dit, sans rejeter la norme, P. Léon est convaincu de sa relativité. Cette attitude est fondée d'une part sur l'observation des variations relevées dans la prononciation des francophones cultivés, d'autre part sur la connaissance du système phonologique ou — selon les termes de l'auteur — du système « phonémique » du français moderne. C'est la première fois, nous semble-t-il, qu'un manuel pratique de prononciation française publié en France intègre systématiquement les sons du français dans le système phonologique de la langue et tient compte de la distribution des phonèmes et de leur fréquence d'emploi. C'est incontestablement un des aspects originaux de ce livre.* »

La version légèrement remaniée de cette *Prononciation du français standard* tient compte, comme je l'ai dit plus haut, des observations de collègues linguistes et pédagogues et également d'observations faites sur la langue française d'aujourd'hui, en particulier, d'une enquête sur le système vocalique de la jeune génération. J'ai exposé ailleurs les résultats de cette enquête, (P. R. Léon, « Modèle standard et système vocalique du français populaire de jeunes parisiens », *Trends in Canadian Applied Linguistics*, G. Rondeau, éd. Centre Éd. et Culturel, Montréal, 1972).

Le rapprochement entre le *modèle standard* que j'avais proposé dans le présent ouvrage et le modèle dégagé pour le milieu de la jeune génération à Paris, montre beaucoup plus de similitudes que de différences. J'en conclus que les *usages* du phonétisme parisien ont une vie dont les désordres apparents sont minimes en regard de la simplicité et de l'ordonnance du *système*. Loin d'en être invalidée, l'existence du *modèle standard* s'en trouve justifiée en linguistique appliquée.

Paris, Les Roches Saint Paul, mai 1972

———

AVANT-PROPOS
de la troisième édition

Le courant idéologique moderne favorise les particularismes régionaux et la notion de norme comme celle de *français standard* est de plus en plus attaquée. Le récent *dictionnaire de la prononciation du français contemporain* d'André Martinet et Henriette Walter vient renforcer la notion de relativité d'un français standard, puisque leur enquête les amène, pour un même sociolecte parisien, à trouver parfois jusqu'à 17 prononciations différentes pour un même mot. Il n'empêche que le concept de *modèle standard* envisagé comme *l'usage le plus fréquent du parler de plus grand prestige et de plus grande extension* continue de vivre et de prospérer. Jamais la standardisation de la prononciation française n'a fait autant de progrès. Toutes les grandes villes de France alignent leur prononciation sur ce même modèle standard et les mass media et les incessants mouvements de population le propagent. Le réalisme pédagogique veut que l'on continue à proposer un modèle d'apprentissage aussi simple que possible. La diversification des réalisations s'effectuera d'elle-même selon le contexte humain auquel on aura affaire. Ce serait mésestimer les étudiants que de leur proposer des modèles trop étroits auxquels les usagers locaux eux-mêmes tendent d'échapper. Ce serait enfin les induire en erreur que de leur proposer une multiplicité de variantes relevant de micro-systèmes différents.

Paris, juin 1976

TABLEAU DES SYMBOLES
DE L'ALPHABET PHONÉTIQUE INTERNATIONAL

L'orthographe française représente une prononciation qui date, en gros, du XIIe siècle. Il n'y a pas de correspondance, ou peu, actuellement entre la prononciation et l'orthographe. Au contraire, le principe de l'alphabet de l'*Association Phonétique Internationale (A.P.I.)*, employé ici, est de ne représenter un son que par un seul signe phonétique. Réciproquement, un signe phonétique ne peut représenter qu'un seul son. (Les signes phonétiques sont notés entre crochets [].)

I. Sons qui ont toujours un seul timbre	
1o Voyelles orales	2o Semi-Voyelles correspondantes
I [i] comme dans *si, île, style...* [si] [il] [stil]	**YOD** [j] comme dans *scier, nier, aille...* [sje] [nje] [aj]
U [y] comme dans *su, sûr, eu...* [sy] [sy:r] [y]	**UÉ** [ɥ] comme dans *suer, nuée, lui...* [sɥe] [nɥe] [lɥi]
OU [u] comme dans *sous, coûte, où...* [su] [kut] [u]	**OUÉ** [w] comme dans *souhait, nouer, Louis...* [swɛ] [nwe] [lwi]
3o Voyelles nasales	
IN [ɛ̃] comme dans *vin, faim, pain...* [vɛ̃] [fɛ̃] [pɛ̃]	**AN** [ã] comme dans *an, en, chambre...* [ã] [ã] [ʃã:br]
UN [œ̃] comme dans *un parfum...* [œ̃ parfœ̃]	**ON** [õ] comme dans *bon, compris...* [bõ] [kõpri]

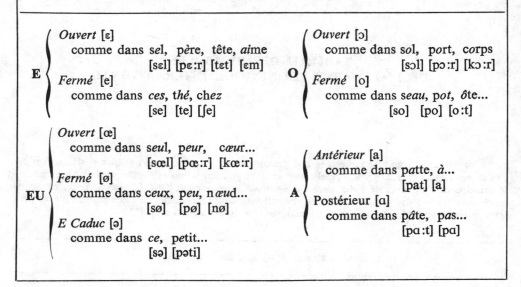

II. Voyelles orales qui peuvent avoir plus d'un seul timbre

E
- *Ouvert* [ɛ]
  comme dans s*e*l, p*è*re, t*ê*te, *ai*me
  [sɛl] [pɛ:r] [tɛt] [ɛm]
- *Fermé* [e]
  comme dans c*es*, th*é*, ch*ez*
  [se] [te] [ʃe]

O
- *Ouvert* [ɔ]
  comme dans s*o*l, p*o*rt, c*o*rps
  [sɔl] [pɔ:r] [kɔ:r]
- *Fermé* [o]
  comme dans s*eau*, p*o*t, *ô*te...
  [so] [po] [o:t]

EU
- *Ouvert* [œ]
  comme dans s*eu*l, p*eu*r, c*œu*r...
  [sœl] [pœ:r] [kœ:r]
- *Fermé* [ø]
  comme dans c*eux*, p*eu*, n*œu*d...
  [sø] [pø] [nø]
- *E Caduc* [ə]
  comme dans c*e*, p*e*tit...
  [sə] [pəti]

A
- *Antérieur* [a]
  comme dans p*a*tte, *à*...
  [pat] [a]
- *Postérieur* [ɑ]
  comme dans p*â*te, p*a*s...
  [pɑ:t] [pɑ]

Remarques. Le E caduc peut être rangé dans la catégorie générale du EU dont il peut prendre parfois les timbres [ø] ou [œ]. Pour le classement articulatoire de ces sons, voir *Introduction à la Phonétique Corrective*.

La voyelle nasale ON peut s'écrire phonétiquement [õ] ou [ɔ̃]. Nous l'écrirons [õ] pour des raisons pédagogiques.

Dans le tableau des consonnes, ci-dessous, on trouvera des exemples de consonnes à l'initiale, en finale et en position médiale. On notera qu'il n'y a pas de consonnes doubles dans la représentation phonétique, lorsqu'elles ne sont pas prononcées.

* Le R du français standard peut être noté [R] pour le distinguer d'un [r] provincial « roulé ». Ici la question est sans importance, c'est une pure convention. Nous le noterons [r] pour des raisons pratiques de typographie.

** Le son [ŋ] emprunté à l'anglais ne se trouve en fait que dans la terminaison -*ing* de mots comme *camping*. On pourrait ne pas l'inclure dans l'inventaire des sons du français et considérer qu'il existe en réalité un morphème irréductible [iŋ].

III. Tableau des Consonnes

[p]	comme dans *pont* [põ]	é*p*ais [epɛ]	a*pp*eler [aple]	cou*p*e [kup]	ca*p* [kap]
[b]	—	*b*on [bõ]	ha*b*it [abi]	a*bb*é [abe]	ro*b*e [rɔb]	sno*b* [snɔb]
[t]	—	*t*on [tõ]	é*t*é [ete]	a*tt*ends [atã]	pâ*t*e [pɑ:t]	sep*t* [sɛt]
[d]	—	*d*ont [dõ]	ai*d*er [ede]	a*dd*ition [adisjõ]	ai*d*e [ɛd]	su*d* [syd]
[k]	—	*c*ou [ku]	*qu*el*qu*'un [kɛlkœ̃]	a*cc*user [akyze]	*c*lair [klɛ:r]	ba*c* [bak]
[g]	—	*g*oût [gu]	dé*g*oût [degu]	a*gg*raver [agrave]	ba*g*ue [bag]	*g*rog [grɔg] grog
[f]	—	*f*ou [fu]	re*f*us [rəfy]	e*ff*et [efɛ]	éto*ff*e [etɔf]	neu*f* [nœf]
[v]	—	*v*ous [vu]	re*v*u [rəvy]			
[s]	—	*s*es [se]	*c*es [se]	a*ss*ez [ase]	hau*ss*é [o:se]	o*s* [ɔs]
[z]	—	*z*èbre [zɛ:br]	o*s*é [oze]	Bra*zz*A [braza]	ga*z*e [gɑ:z]	ga*z* [gɑ:z]
[ʃ]	—	*ch*ou [ʃu]	a*ch*ète [aʃɛt]		ca*ch*e [kaʃ]	
[ʒ]	—	*j*oue [ʒu]	â*g*é [ɑʒe]		ca*g*e [ka:ʒ]	
[l]	—	*l*a [la]	ma*l*ade [malad]	a*ll*er [ale]	ba*ll*e [bal]	ba*l* [bal]
[r]*	—	*r*at [ra]	ma*r*i [mari]	a*rr*êt [arɛ]	ba*rr*e [bɑ:r]	ba*r* [ba:r]
[m]	—	*m*es [me]	ai*m*er [eme]	fe*mm*e [fam]	ai*m*e [ɛm]	ide*m* [idɛm]
[n]	—	*n*ez [ne]	aî*n*é [ene]	a*nn*eau [ano]	hai*n*e [ɛn]	Ede*n* [edɛn]
[ɲ]	—	« *gn*ôle » [ɲo:l]	a*gn*eau [aɲo]		monta*gne* [mõtaɲ]	
[ŋ]**	—					campi*ng* [kãpiŋ]

I
VOYELLES

DÉFINITIONS PRÉALABLES
nécessaires à l'étude des voyelles

1.1. Voyelle accentuée.

En français, *la voyelle accentuée est la dernière voyelle prononcée*. Il s'agit d'un accent *phonétique* et non d'un accent orthographique. Dans le mot *été* les 2 voyelles ont un accent orthographique, mais seule la deuxième voyelle est accentuée phonétiquement. Une voyelle accentuée, phonétiquement, est un peu plus forte et plus longue que les autres et elle est dite généralement sur un ton plus haut (continuité ou question) ou plus bas (finalité).

1.2. Voyelle inaccentuée.

Toute voyelle non accentuée phonétiquement est dite *inaccentuée.*

Ex. : Dans le mot *cinéma*, toutes les voyelles sont inaccentuées, sauf la dernière [a]

1.3. Syllabe.

Il faut une voyelle prononcée pour avoir une syllabe. Les mots *si, su, sous* ont chacun une syllabe. Mais les mots : *scie, sue, boue* n'ont également qu'une syllabe puisque le *e* final sans accent orthographique ne se prononce pas en français.

Les voyelles *i, u* et *ou* suivies d'une autre voyelle deviennent généralement des *semi-consonnes* (voir 3.1 4.1 et 5.1), ainsi les mots : *scier* [sje], *suer* [sɥe], *souhait* [swɛ] ne comptent que pour *une seule syllabe.*

1.4. Division syllabique.

1° Toute consonne seule, entre 2 voyelles, se lie à la syllabe suivante.

Ex. : *été* [e-te], *ami* [a-mi].

2º Les graphies des consonnes doubles représentent généralement une seule consonne dans la prononciation (voir exceptions 22.7 et 22.8).

Ex. : *attendu* [a-tã-dy], *arriver* [a-ri-ve].

3º Deux consonnes différentes se séparent.

Ex. : *perdu* [pɛr-dy], *section* [sɛk-sjõ].

4º Mais [r] et [l] se rattachent toujours à la consonne qui les précède *.

Ex. : *appris* [a-pri], *tableau* [ta-blo], *extrême* [ɛk-strɛm].

* Sauf si cette consonne est elle-même R ou L : mer-lin, mour-rai.

1.5. Structure syllabique : Syllabes ouvertes et syllabes fermées.

1º Syllabe ouverte : terminée par une voyelle prononcée. Ex. : éléphant [e-le-fã] (3 syllabes ouvertes).	(Le passage de l'air est *ouvert* lorsque la syllabe se termine par *la voyelle* prononcée, c'est pourquoi la syllabe est alors appelée *ouverte*.) C'est le cas le plus fréquent en français (près de 80 %).
2º Syllabe fermée : terminée par une consonne prononcée. Ex. : secteur [sɛk-tœr] (2 syllabes fermées).	(Le passage de l'air se *ferme* plus ou moins lorsque la syllabe se termine par une *consonne prononcée*, c'est pourquoi la syllabe est alors appelée *fermée*.)

1.6. Application pratique.

Il faut toujours définir une voyelle par sa position dans le mot et par rapport à la nature de la syllabe.

EXEMPLES	1º POSITION DANS LE MOT	2º NATURE DE LA SYLLABE
zéro [ze/ro]	é : inaccentué .... o : accentué	.... en syllabe ouverte .... en syllabe ouverte
questio*nn*e [kɛs/tjɔn]	e : inaccentué .... o : accentué	.... en syllabe fermée .... en syllabe fermée

Cette façon de définir une voyelle permet généralement de déduire des lois simples sur sa prononciation. (Voyelle ouverte ou voyelle fermée.)

1.7. Timbre des voyelles.

C'est la « couleur » que prend le son laryngien, modifié surtout par la position de la langue et des lèvres. Certaines voyelles, comme *i* ont toujours la même « couleur sonore », *le même timbre* en français. D'autres voyelles, comme le *o*, peuvent avoir *deux timbres* nettement différenciés : P*au*l et P*au*le, s*o*tte et s*au*te, prononcés isolément ne sont identifiables que par la différence de timbre qui les sépare.

Le timbre d'une voyelle peut se définir pratiquement du point de vue de son articulation, par la position de la langue et des lèvres.

1º *Voyelle fermée.* L'espace entre la langue et le palais est étroit. (Il n'est pas fermé complètement; c'est une fermeture toute relative.)

Ex. : La voyelle *i* est plus fermée que la voyelle *a*.

2º *Voyelle ouverte.* L'espace entre la langue et le palais est plus *large* que pour la voyelle fermée correspondante.

Ex. : La voyelle *a* est plus ouverte que la voyelle *i*.

3º *Voyelle antérieure ou postérieure.* Pour le *a*, suivant que la langue est plus ou moins avancée pendant l'articulation du son, on dit qu'il est *antérieur* ou *postérieur*.

Ex. : Le *a* de p*a*tte est antérieur, le *â* de p*â*te est *postérieur*.

4º *Voyelle orale.* Tout l'air expiré sort par la bouche.

Ex. : Le *o* de p*eau* est *oral*.

5º *Voyelle nasale.* L'air expiré sort à la fois par la bouche et le nez.

Ex. : Le *o* de p*on*t est *nasal*.

Le classement orthoépique des voyelles n'utilise pas la distinction — essentielle pour la correction phonétique — entre *voyelles labiales* et *non-labiales*. (Voir *Exercices systématiques*). *arrondissement des lèvres*

1.8. Groupe rythmique.

C'est un groupe de mots qui représente *une idée*. (C'est surtout un changement de hauteur mélodique qui détermine les groupes rythmiques du français.) *Les mots perdent leur individualité dans le groupe rythmique*, car l'accent de mot disparaît pour se reporter à la fin du groupe rythmique.

Ex. : Mons*ieur* / monsieur Dup*ont*
Une r*o*be / une robe n*oi*re.

On indiquera les groupes rythmiques importants par une flèche montante ou descendante, selon l'intonation (voir 1.15), afin de faciliter la lecture phonétique du texte.

On indique une pause par *un trait vertical* plus ou moins important, selon la valeur de la pause (|).

(Dans cet aide-mémoire, toutes les pauses ont été notées avec la même importance, pour plus de facilité. La valeur d'une pause varie d'ailleurs considérablement selon le style employé et la personnalité de celui qui parle.)

On appelle parfois *groupe de souffle* le groupe terminé par une pause.

On note les pauses de fin de phrase, dans les textes en transcription, par deux traits verticaux ‖,... les pauses les moins importantes par un seul trait |.

> Ex. : *C'est un monsieur*
> [sɛtœ̃məsjø] ‖ (1 groupe rythmique) (1 groupe de souffle).
> *C'est un monsieur français*
> [sɛtœ̃məsjøfrɑ̃sɛ] ‖ (1 groupe rythmique) (1 groupe de souffle).
> *C'est un monsieur français qui vous attend*
> [sɛtœ̃məsjøfrɑ̃sɛ ↗ kivuzatɑ̃ ↘ ‖ (2 groupes rythmiques) (1 groupe de souffle).
> *Il y a un monsieur français qui vous attend pour vous demander*
> [iljaœ̃məsjøfrɑ̃sɛ ↗   kivuzatɑ̃ ↗ | purvudmɑ̃de ↗
> *un renseignement*
> œ̃rɑ̃sɛɲmɑ̃ ↘ ‖] (4 groupes rythmiques, 2 groupes de souffle).

Dans la conversation courante, les groupes de souffle peuvent disparaître si le débit est rapide. Les marques intonatives suffisent alors à noter les groupes rythmiques.

Toutes ces notations sont affaire de convention.

1.9. Voyelle accentuée et voyelle demi-accentuée.

Si le groupe rythmique comporte un mot quelque peu important avant la finale accentuée, ce mot important porte un accent secondaire. On dit qu'il est *à demi-accentué :*

> Ex. : Je p*a*rs (*accent* sur p*a*rs)
> Je p*a*rs dem*ain* (*demi*-accent sur p*a*rs et accent sur dem*ain*).

1.10. Allongement phonétique.

Les voyelles accentuées sont ordinairement plus longues que les voyelles inaccentuées.

Dans certains cas, les voyelles accentuées peuvent être encore plus longues qu'à l'ordinaire. On appelle *allongement*, noté [:], ou *demi-allongement*, noté [.], cette longueur inhabituelle.

Les voyelles *accentuées* seules peuvent être *allongées*.
Les voyelles *demi-accentuées* peuvent être *demi-allongées*.

Les voyelles *inaccentuées* ne peuvent jamais être *allongées* (sauf exceptions expressives).

Comparez le mot [par], dans les trois exemples suivants :
— accentué : je p*ars*
    [ʒəpaːr] (le [a] est allongé)
— demi-accentué : je p*ars* avec vous
    [ʒəpa.ravɛkvu] (le [a] est à demi-allongé)
— inaccentué : je m'en vais p*ar* le train
    [ʒəmãvɛparlətrɛ̃] (le [a] n'est pas allongé).

1.11. Conditions de l'allongement phonétique.

1° L'allongement se produit quand une voyelle quelconque, accentuée ou demi-accentuée, se trouve suivie d'une des consonnes : [r], [z], [v], [ʒ] ou du groupe [vr].

Exemples :

je s*ors*	je s*ors* tard	il neige	il neige fort
[ʒəsɔːr]	[ʒəsɔ.rtaːr]	[ilnɛːʒ]	[ilnɛ.ʒfɔːr]
il y en a douze	il y a douze jou*rs*		
[iljãnaduːz]	[iljadu.zʒuːr]	c'est une chèvre	c'est une chèvre noire
ils nous sau*vent*	ils nous sau*vent* tous	[sɛtynʃɛːvr]	[sɛtynʃɛ.vrənwaːr]
[ilnusoːv]	[ilnuso.vtus]		

2° L'allongement se produit lorsqu'une des voyelles [o], [ø], [ɑ], [ɛ̃], [œ̃], [õ], [ã], accentuée ou demi-accentuée, se trouve suivie de n'importe quelle consonne prononcée.

Exemples :

elle est fausse	*elle fausse tout*	*il est humble*	*humble et pauvre*
[ɛlfoːs]	[ɛlfo.stu]	[ilɛtœ̃ːbl]	[œ̃.blepoːvr]
il jeûne	*il ne jeûne pas*	*ça tombe*	*ça tombe bien*
[ilʒøːn]	[ilnəʒø.npɑ]	[satõːb]	[satõ.bbjɛ̃]
il passe	*il ne passe pas*	*elle est mince*	*elle est mince et grande*
[ilpɑːs]	[ilnəpɑ̃s.pɑ]	[ɛlɛmɛ̃ːs]	[ɛlɛmɛ̃.segrãːd]
il pense	*il pense toujours*		
[ilpãːs]	[ilpã.stuʒuːr]		

Les allongements notés ici ne servent pas à distinguer des mots de sens différents. Ils sont *phonétiques* et dépendent de la nature des voyelles et des consonnes en cause. Il existe un autre type d'allongement qui, lui, a une valeur fonctionnelle, il est phonémique (1.12).

1.12. Allongement phonémique.

Dans quelques mots, de plus en plus rares, on trouve un allongement à valeur distinctive, linguistique, qu'on appelle alors *phonémique*. (Voir 1.16.) Il permet à certains Français (en français standard) de différencier les mots suivants :

1º Avec la voyelle E.

bêle [bɛ:l]	*belle* [bɛl]
bête [bɛ:t]	*bette* [bɛt]
l'être [lɛ:tr]	*lettre* [lɛtr]
maître [mɛ:tr]	*mettre* [mɛtr]
tête [tɛ:t]	*tette* [tɛt]

2º Avec la voyelle A.

Dans ce cas la distinction phonémique ne repose pas uniquement sur la différence de longueur mais également sur celle du timbre /a/ – /ɑ/ :

bail [baj]	*bâille* [bɑ:j]
malle [mal]	*mâle* [mɑ:l]
patte [pat]	*pâte* [pɑ:t]
tache [taʃ]	*tâche* [tɑ:ʃ]
Anne [an]	*âne* [ɑ:n]
halle [al]	*hâle* [ɑ:l]
balle [bal]	*Bâle* [bɑ:l]

Les oppositions de longueur ne servent à distinguer qu'un très petit nombre de mots du lexique en français. C'est ce qui explique qu'elles tendent à disparaître. On dit que le *rendement* de cette opposition n'est pas important.

1.13. Noms propres.

Pour indiquer qu'on a affaire à un nom propre, on peut le faire précéder d'un astérisque (*) dans la transcription phonétique.

Connaissez-vous Sartre et Camus?
[kɔnesevu*sartr e*kamy?]

1.14. Ponctuation.

Les virgules, points-virgules, points, tirets sont notés par des traits verticaux comme indiqué au paragraphe 1.8. On note les points d'interrogation et les points d'exclamation de la même manière que dans un texte orthographique :

Toi? Que veux-tu?
[twa? kəvøty !]

1.15. Intonation.

La transcription phonétique internationale ne note pas l'intonation de la phrase. (Voir à ce sujet l'*Introduction à la Phonétique corrective* et les *Exercices systématiques*.)

Les fins de groupes indiquant la continuation sont montantes (↗) et celles indiquant la finalité sont descendantes (↘). On les notera ainsi, ici.

1.16. Phonétique et Phonémique.

Sous cette rubrique, on examinera la valeur linguistique d'un son. Lorsque deux sons, par leur « opposition », marquent une différence entre deux mots, par ailleurs semblables, on dit que ces sons sont des phonèmes. Ainsi *l'opposition si / su* est *phonémique* parce qu'elle permet de distinguer ces deux mots l'un de l'autre. Aucune autre voyelle ne pourrait remplacer *i* ou *u* avec le même résultat. /i/ et /y/ sont des *phonèmes*.

Au contraire, dans un mot comme *maison*, certains Français prononcent le *ai* comme le *ê* de *fenêtre*, d'autres prononcent ce *ai* comme le *é* de *thé*, d'autres prononcent un son intermédiaire. De toute manière toutes ces *variantes* du son *E* n'empêchent pas la compréhension; il n'y a pas, ici, d'opposition possible entre ces différentes sortes de *E* pour distinguer deux ou trois sortes de mots *maison*, chacun distinct de l'autre par un *é*, un *ê* ou un *e* intermédiaire.

Les *variantes* dans la prononciation peuvent être stylistiques (voir : P. R. Léon, *Essais de phonostylistique*, Didier, 1971), individuelles, sociales ou régionales. Certaines variantes peuvent également dépendre de l'entourage exercé par les sons voisins; elles sont alors appelées combinatoires.

On ne tiendra pas compte ici des variantes — sauf dans quelques cas *(E caducs, liaisons, sonorisations, assourdissements)*. Par contre, on examinera, à la fin de chaque leçon, la valeur phonémique des oppositions des sons étudiés.

Les signes phonétiques sont généralement mis entre crochets, dans les transcriptions [ ] mais lorsqu'on veut indiquer la valeur *phonémique* d'un son ou d'une transcription, on les place entre barres obliques / /.

1.17. Remarque.

Lorsque deux consonnes se trouvent en contact, l'une d'entre elles peut avoir une influence sur l'autre. On dit qu'il y a *assimilation*. Les différents types d'assimilation — *sonorisation* ou *voisement* (noté par un petit ᵛ sous la consonne), *assourdissement* ou *dévoisement* (noté par un petit ᴧ sous la consonne) — seront expliqués au chapitre des consonnes. (Voir 22.4, 1°, 2°). Ces phénomènes sont assez peu importants et on peut ne pas les noter dans une transcription courante. On n'a tenu compte que des *voisements* et *dévoisements* dans les transcriptions de cet ouvrage. Pour le *chuchotement*, voir 21.5.

1.18. Problèmes.

1. Mettez entre parenthèses les lettres finales non prononcées dans les mots suivants (voir 2.3) : *vie, vue, amies, aime, aimes, aiment, sorte, sortent, pluie, boue, sale, mère, jeunesse, attendre, demandée.*

2. Soulignez les voyelles accentuées, dans les mots précédents.

3. Divisez les mots suivants en syllabes (Voir 1.4) :

abriter,	*âgé,*	*automobile,*	*Belgique,*	*bureau,*	*définition,*	*journal,*
[abrite]	[aʒe]	[ɔtɔmɔbil]	[bɛlʒik]	[byro]	[definisjɔ̃]	[ʒurnal]
menteur,	*parlement,*	*rarement,*	*exactement,*	*accident,*	*simplicité,*	
[mɑ̃tœ:r]	[parləmɑ̃]	[rɑrmɑ̃]	[ɛgzaktəmɑ̃]	[aksidɑ̃]	[sɛ̃plisite]	

4. Soulignez les syllabes ouvertes dans les mots précédents.

5. Dans le texte suivant, les mots ont été divisés en syllabes. Calculez le pourcentage de syllabes ouvertes par rapport aux syllabes fermées. Faites le même calcul sur la traduction de ce texte dans votre langue maternelle. Comparez.

Ce sont les braves qui meurent à la guerre. Pour ne pas y être tué, il faut un
[sə| sõ| le| bra:v| ki| mœ:r| a| la| gɛ:r|| pur| nə| pa| zi| ɛ|trə |tye| il| fo| tœ̃

grand hasard ou une grande habileté. Il faut avoir   courbé la tête ou s'être
grã| a|za:r| u| yn| grã|da| bil|te || il| fo| ta|vwa.r| kur|be| la| tɛ:t| u| sɛ|

agenouillé au moins une fois devant le danger. Les soldats qui défilent sous les arcs
tra|ʒnu|je| o| mwɛ̃| yn| fwa| dvã| ldã|ʒe || le| sɔl|da| ki| de| fil| su| le| zark|

de triomphe sont ceux qui ont déserté   la mort.   Comment un pays pourrait-il gagner
də| tri|jõ:f| sõ| sø| ki| õ| de|zɛr|te| la| mɔ:r || kɔ|mã| œ̃| pe|i| pu|rɛ|til| ga|ɲe|

dans son honneur et dans sa force en les perdant tous les deux?
dã| sõ| nɔ|nœ:r| e| dã| sa| fɔrs| ã| le| pɛr|dã| tu| le| dø ||

(Ce texte est extrait de « La Guerre de Troie... » de Jean Giraudoux.)
sə| tɛkst| ɛ|tɛk|strɛ| də| la| gɛ.r| də| *trwa |də| *ʒã|*ʒi|ro|du]

6. Indiquez les groupes rythmiques et les groupes de souffle dans le texte précédent. Notez les allongements.

7. Quels sont parmi les mots suivants ceux qui peuvent avoir un allongement phonémique :

bec, boire, belle, bête, benne, bêle, malle, mare, masque, mâle, tette, terre, tête, maître, laine, l'air, mettre, l'être, lettre.

8. Dans les pages suivantes, on trouvera les règles concernant la prononciation du français standard. Pour plus de précision concernant les *variantes*, voir surtout les ouvrages de Martinet et Malmberg, (bibl. nº 63, 65, 66, 68, 87 et Léon, nº 51, 98, 99, 100).

PRONONCIATION DES VOYELLES

Dans les tableaux suivants, les *astérisques* renvoient aux *Remarques*, pour les cas particuliers. Les lettres capitales sont employées pour les graphies, les minuscules pour les symboles phonétiques. Lorsqu'un son n'existe pas dans certaines distributions ou que sa fréquence d'emploi est très peu élevée exceptionnelle, la case où il devrait apparaître est en *grisé*.

VOYELLES ORALES
à un seul timbre
[i] [y] [u]

2.1. Voyelle [i].

La voyelle [i] s'écrit presque toujours I et apparaît en toutes positions. Les autres graphies sont rares. Elles sont réparties selon la distribution suivante :

GRAPHIES + Consonne ou en finale	EXEMPLES DE DISTRIBUTION DU [i]			TIMBRE	FRÉQUENCE %	
	Initiale	Médiale	Finale		Ecrite	Orale
I	il [il]	cil [sil]	si [si]			
Y	Yves [i:v]	cycle [sikl]	vas-y [vazi]			
Î	île [il]	dîner [dine]	ci-gît [siʒi]	[i]	5,6	5,6
Voyelle + Ï		maïs [mais]				
I ou Y + Voyelle : Voir Semi-Consonnes, 3.1.						

Remarque.

En finale, *Y* n'existe que dans le mot isolé *y* et dans quelques noms propres : *Chanzy, Passy...*

2.2. Exercice de transcription.

1. *Il dit qu'il arrive samedi à midi.*   1. _____
2. *Il dit qu'il a dormi dix minutes.*   2. _____
3. *Il a pris une chemise dans la valise.*   3. _____
4. *Il a mis une chemise de nylon.*   4. _____
5. *Yves y va samedi avec Marie.*   5. _____

2.3. Problèmes.

1. Trouvez au moins 5 mots avec un *Y* prononcé [i]. Quel est le mot le plus courant écrit avec un *Y?*

Y a-t-il beaucoup de mots avec la graphie î? avec *ï*? avec - ient?

2. Notez qu'on emploie le tréma (¨) pour indiquer que les deux sons contigus doivent se prononcer séparément. Transcrivez en phonétique les mots : *haïr, maïs, naïf* et les mots : *hais, mais, naître.* Transcrivez : *archaïque, caïman, Caraïbes Jamaïque, judaïque, héroïque, laïque, mosaïque, stoïque, ovoïde.*

2.4. Voyelle [y].

La voyelle [y] s'écrit presque toujours *U* et apparaît en toutes positions. Les autres graphies sont rares. Elles sont réparties selon la distribution suivante :

GRAPHIES + Consonne ou en finale	EXEMPLES DE DISTRIBUTION DU [y]			TIMBRE	FRÉQUENCE %	
	Initiale	Médiale	Finale		Écrite	Orale
U	*une* [yn]	*fume* [fym]	*su* [sy]			
Û		*sûr* [sy:r]	*dû* [dy]	[y]	2,71	2,0
Ü		*Saül* [sayl]				
EÛ, EU	*nous eûmes* [nuzym]	*gageure* [gaʒy:r]	*Il l'a eu* [illay]			

U + Voyelle : Voir Semi-Consonnes, 4.1.

2.5. Remarques.

UE précédé de *Q* ou *G*, fait partie de la graphie pour [k] et [g] et ne représente aucun son vocalique : *marque* [mark], *vague* [vag], *que* [kə]. (Voir 28.2 et 29.1. 2º.)

EU représente le son [y] dans les formes du passé simple, du participe passé, du subjonctif imparfait du verbe *avoir* : *eu, eus, eut, eue, eues, eûmes, eûtes* et dans le mot *gageure* [gaʒyːr].

2.6. Exercices de transcription.

1. *Tu l'as vu? Il t'a plu?*   1. ....
2. *Il t'a dit qu'il l'a vue?*   2. ....
3. *Arthur! Tu es dans la lune?*   3. ....
4. *Es-tu sûr qu'il a eu une punition?*   4. ....
5. *Es-tu sûr que Jules a vu l'usine?*   5. ....

2.7. Problèmes.

1. Faites une liste des mots courants écrits avec *û*.
2. Il n'y a pas de différence de prononciation entre *vu* et *vue*.
   Transcrivez : *bu – bue; su – sue; nu – nue.*
3. Transcrivez : *aigu, fatigue, contigu, vague.* (Voir 2.4).
4. Notez qu'au féminin *aigu* [egy] devient *aiguë* [egy]. Le tréma indique ici qu'il faut prononcer le *U* de la terminaison *UË* Transcrivez ainsi : *contigu – contiguë; exigu – exiguë.* (Comparez avec *exsangue* [ɛgzɑ̃ːg]).

2.8. Voyelle [u].

La voyelle [u] s'écrit presque toujours *OU* et apparaît en toutes positions. Les autres graphies sont rares. Elles sont réparties selon la distribution suivante :

GRAPHIES + Consonne ou en finale	EXEMPLES DE DISTRIBUTION DU [u]			TIMBRE	FRÉQUENCE %	
	Initiale	Médiale	Finale		Écrite	Orale
OU	*oubli* [ubli]	*souci* [susi]	*fou* [fu]			
OÙ	*où?* [u]			[u]	2,08	2,7
OÛ		*coûte* [kut]	*goût* [gu]			
OU + Voyelle : Voir Semi-Consonnes, 5.1.						

2.9. Exercice de transcription.

1. *Il nous a vus tout nus.*	1. ....
2. *C'est une toute petite Russe rousse.*	2. ....
3. *Vous lisez surtout du Proust?*	3. ....
4. *Vous dîtes que ça coûte douze sous?*	4. ....
5. *Es-tu tout à fait sûr qu'il est sourd?*	5. ....

2.10. Problèmes.

1. Combien de mots connaissez-vous avec la graphie *où?*

2. Trouvez cinq mots avec la graphie *oû.*

3. Il n'y a pas de différence de prononciation entre les graphies *I* et *IE*: [i], *U* et *UE:* [y], *OU* et *OUE:* [u], en finale. Transcrivez : *bu, ni, rue, boue, amie, ami, vue, vu, si, scie.*

2.11. Phonémique.

Les trois voyelles /i/, /y/, /u/, sont bien différenciées. Elles servent à distinguer de nombreux mots – essentiellement des termes lexicaux tels que :

dit – du – doux	assis – a su – à sous	cire – sûr – sourd
lit – lu – loup	mari – ma rue – ma roue	le dessus – le dessous
scie – su – sous	Elie – élu – et loup	bis – bu – bout

SEMI-CONSONNES
OU
SEMI-VOYELLES

YOD [j], UE [ɥ], OUE [w]

3.1. Semi-consomme Yod [j].

La semi-consonne [j] n'apparaît presque jamais à l'initiale et assez rarement en finale. C'est essentiellement un son de transition. Précédé de deux consonnes dans la même syllabe [j] est remplacé par [ij] ; (voir 3e partie du tableau). On le trouve avec la distribution graphique suivante :

GRAPHIES	TIMBRES	EXEMPLES DE DISTRIBUTION DU [j]			FRÉQUENCE	
		Initiale	Médiale	Finale	Écrite	Orale
I + Voy. pron. **Y**	[j + voy.]	*hier* [jɛ:r] *y es-tu* [jety]	*bien, riez* [bjɛ̃] [rje] *Lyon* [ljõ]			
Voy. + **IL**	[voy. + j]			*ail, œil* [aj] [œj]		
Voy. + **ILL** + Voy. écrite	[voy. + j]		*ailleurs* [ajœ:r]	*aille, nouille* [aj] [nuj]		
AY + Voyelle	[ɛj + voy.]		*crayon* [krɛjõ]	*paye > paie* [pɛj] [pɛ]		
OY + Voyelle	[waj + voy.]		*voyez* [vwaje]		1,0	
UY + Voyelle	[ɥij + voy.]		*essuyer* [esɥije]			
Cons. + **R** ou **L** + **I** + Voy. pron.	[ij + voy.]		*crier* [krije] *plier* [plije]			
Cons. + **ILL** + Voy.	[ij + voy.]		*billet* [bijɛ]			
Cons. + **ILLE**	[ij]			*brille* [brij]		

— 27 —

3.2. Remarques.

Comparez les mots *ail* [aj] et *aile* [ɛl]. La graphie *IL*, qui représente le son [j] en finale n'est jamais suivie de la graphie *E*. Par contre [j] peut être représenté par *ILLE*, dans la plupart des mots, tels que *famille* [famij], *fille* [fij], *gentille* [ʒãtij], etc. Mais cette graphie *ILLE* représente les sons [il] dans quelques mots : *Lille*, [lil], *ville* [vil], *mille* [mil], *tranquille* [trãkil], et dans des mots savants comme *pénicilline* [penisilin], *oscillographe* [ɔsilɔgraf], et tous leurs dérivés.

La graphie *-AYE*, en finale, n'existe plus guère que dans des noms propres (termes géographiques en général, prononcés [ɛ] comme dans *Faye* [fɛ] mais [aj] dans le midi, comme *Biscaye* [biskaj]). Dans les formes verbales comme *paye, bégaye*, etc..., la prononciation moderne est [pɛ], [begɛ] avec la graphie *AIE : paie, bégaie*...

La graphie *AY*, suivie d'une voyelle, représente habituellement les sons [ɛj + voyelle], comme dans *ayez, ayons, essayé*... Mais pour la même graphie on a les sons [aj] dans quelques noms méridionaux ou étrangers :

Bayard, Bayonne, La Fayette, Hendaye, mayonnaise, Mayence, Himalaya, cobaye
[baja:r] [bajɔn] [lafajɛt] [ãdaj] [majɔnɛ:z] [majã:s] [imalaja] [kɔbaj]

OY, suivi d'une voyelle, représente habituellement les sons [waj], comme dans *croyons, soyons, voyez*... Mais cette graphie représente les sons [ɔj] dans quelques mots étrangers : *coyotte* [kɔjɔt], *Goya* [gɔja], *Loyola* [lɔjɔla].

UY, suivi d'une voyelle, représente habituellement les sons [ɥij], comme dans *essuyer, ennuyer, fuyez, tuyau*... Mais cette graphie représente les sons [yj] dans quelques mots : *bruyère* [bryjɛ:r], *La Bruyère* [labryjɛ:r], *gruyère* [gryjɛ:r].

Notez que le mot *gentilhomme* [ʒãtijɔm], se prononce [ʒãtizɔm], au pluriel.

3.3. Exercice de transcription.

1. *Hier, Pierre et sa nièce riaient bien.*
2. *Vous aviez mal à l'œil à cause du soleil.*
3. *Il faut que j'aille chercher de l'ail pour Mireille.*
4. *Vous voyez, je croyais que vous aviez payé ces crayons.*
5. *Essuyez vos pieds. – Vous riez et vous criez.*
6. *C'est une fille gentille et brillante.*

1. ....
2. ....
3. ....
4. ....
5. ....
6. ....

3.4. Problèmes.

1. Comparez la prononciation de *riez* [rje] à celle de *crier* [krije]. Dans le second cas, on prononce 2 syllabes pour faciliter l'articulation du groupe de consonnes. Trouvez

— 28 —

d'autres cas semblables, tels que *liez* et *pliez.* Y en a-t-il beaucoup en dehors de la conjugaison?

2. Divisez les mots suivants en syllabes après les avoir transcrits en phonétique : *scie, scier; nie, niez; crie, crier; via Lyon; ail; nouille; famille; pareil, pareille.*

3. Comparez la prononciation des mots suivants et transcrivez-les phonétiquement *criez – briller; trier – étriller.*

4. Le son [i] est parfois substitué au son [j] dans le mot *hier:* [jɛ:r] ou [ijɛ:r]. (Variation individuelle ou régionale.)

Dans une diction poétique on peut également prononcer [j] en lui restituant sa valeur de voyelle [i], selon les besoins du rythme (basé sur le nombre des syllabes en français); mais cela ne peut se produire que si [j] est précédé d'une consonne :

(6 + 6) *Je ne parlerai pas, je ne penserai rien*
. . . . [rjɛ̃] (synérèse).
(6 + 6) *Et j'irai loin, bien loin, comme un bohémien.*
                [bjɛ̃]   [bɔemiɛ̃] (diérèse) (A. Rimbaud).
Trouvez d'autres exemples.

5. Comparez la prononciation des mots suivants :
    croyez – croyiez; voyez – voyiez
[krwaje] [krwajje] [vwaje] [vwajje]
Transcrivez de la même manière :
    employez – employiez; noyez – noyiez; croyons – croyions.

6. Trouvez d'autres oppositions du même type. Est-ce que de telles formes sont très courantes en français? La distinction entre elles est-elle facile à réaliser? Est-il étonnant que beaucoup de Français ne la fassent pas dans un style négligé ou rapide?

3.5. Phonémique.

/i/ ne peut jamais être substitué à /j/ dans les finales graphiques *voyelle* + *-IL* ou *-ILLE,* comme *ail, aille, nouille.*

Inversement [j] ne peut jamais remplacer [i] dans la prononciation de la graphie *-ILL,* précédée d'une consonne, comme dans fam*ille,* f*ille* (sauf exceptions : 3.2).

Le /i/ et le /j/ sont en *opposition* directe dans les finales des mots :
    abbaye /abei/ – *abeille* /abɛj/
    pays   /pei/ – *paye*   /pɛj/; (dans *pied* /pje/ *-piller* /pije/, on peut considérer
        qu'il s'agit d'une opposition : yod ∞ zéro phonique).

Ce sont les seuls cas où /i/ et /j/ s'opposent linguistiquement pour différencier des mots de sens différents.

L'opposition /j/ – /jj/ peut servir à distinguer entre des formes verbales du présent, de l'imparfait (indicatif) et du subjonctif – aux 1ʳᵉ et 2ᵉ pers. du pluriel :
    nous croyons | *nous croyions*
    vous voyez | *vous voyiez...*

4.1. Semi-consonne Ué [ɥ].

La semi-consonne [ɥ] n'apparaît jamais en position finale et assez rarement à l'initiale. C'est essentiellement un son de transition. Il se trouve toujours devant une voyelle et s'écrit toujours *U*. (Sauf dans le groupe [ɥi], [ɥ] n'apparaît jamais précédé de deux consonnes dans la même syllabe.)

GRAPHIES	EXEMPLES DE DISTRIBUTION			TIMBRE	FRÉQUENCE	
	Initiale	Médiale	Finale		Écrite	Orale
U + Voy. prononcée	*huer* [ɥe] *huit* [ɥit]	*ruelle,* *nuage* [rɥɛl] [nɥa:ʒ] *nuit,* *suis* [nɥi] [sɥi]		[ɥ]	0,71	0,7
Cons. + R L + UI		*fluide,* *instruit* [flɥid] [ɛ̃strɥi]				
Cons. + R L + U + Voy. (autre que I)		*cruelle, truand* [krɥɛl] [trɥɑ̃] *fluet* [flɥɛ]		[y]	Voir voy. [y] 2.4.	

4.2. Exercice de transcription.

3 1. *Je suis avec lui en juin et en juillet.*

1 2. *Cette fille cruelle habite dans cette ruelle.*

3 3. *Servez les fruits cuits avec cette cuillère.*

2 4. *Lui, s'est fait huer par des truands.*

4 5. *Depuis huit heures, il s'ennuie sous la pluie*

1. ....

2. ....

3. ....

4. ....

5. ....

4.3. Problèmes.

1. Comparez les prononciations de *riez* [rje] et *ruelle* [rɥɛl] d'une part, et celles de *criez* [krije] et *cruelle* [krɥɛl] d'autre part. Dans le second cas, combien prononce-t-on de syllabes? Pourquoi? (Voir 3.4.1°.)

2. Le groupe *UI* se prononce toujours [ɥi] même précédé de 2 consonnes, comme dans bruit [brɥi], parce que [ɥ] et [i] ont des articulations très voisines, faciles à combiner pour un Français.

3. Transcrivez : *nuit, nuée, nuage, truelle, truite.*

4. Quelles sont les voyelles qu'on ne trouve pas après le ʊ en français? Quelle est finalement la voyelle la plus fréquente après le ʊ? Donnez des exemples courants.

5. Comme dans le cas du *yod* (voir 3.4), en poésie, la voyelle [y] peut être substituée à la semi-voyelle [ɥ]. Pour quelle raison? Trouvez des exemples.

4.4. Phonémique.

/ɥ/ s'oppose à /j/ dans des mots comme *scier / suer*

$$\text{/sje/} \quad \text{/sɥe/}$$

mais il n'y a pas d'exemples de cas où [ɥ] s'oppose à [y] pour distinguer des mots de sens différent.

5.1. Semi-consonne Oué [w].

La semi-consonne [w] n'apparaît jamais en position finale et assez rarement en position initiale. C'est essentiellement un son de transition. Il se trouve toujours devant une voyelle et s'écrit toujours *OU*, sauf devant le son [a] et devant le son [ɛ̃] - dans ces deux derniers cas, on a les graphies *OI* et *OIN* en général.

Sauf lorsqu'il est suivi de [a] et de [ɛ̃], [w] ne peut jamais être précédé de deux consonnes prononcées dans la même syllabe.

| GRAPHIES | EXEMPLES DE DISTRIBUTION | | | TIMBRE | FRÉQUENCE | |
	Initiale	Médiale	Finale		Écrite	Orale
OU + Voy. prononcée (une syllabe)	*oui* [wi]	*Louis, roué* [lwi] [rwe]		[w]		
OI	*oiseau* [wazo]	*quoi, voiture* [kwa] [vwaty:r] *trois, ploie* [trwa] [plwa]		[wa]	0,77	0,9
OIN	*oindre* wɛ̃:dr	*moins, loin* [mwɛ̃] [lwɛ̃] *groin* [grwɛ̃]		[wɛ̃]		
R Cons. + + **OU** + Voy. **L** (deux syllabes)		*troué, ébloui* [true] [eblui]		[u]	Voir voy. [u] N° 2.8	

— 31 —

5.2. Exercice de transcription.

3 1. *Louis louait une voiture pour lui.*   1. _____
3 2. *Avouez que vous aviez moins froid.*   2. _____
3 3. *C'est très loin, à l'ouest, je crois.*   3. _____
4 4. *Je vois trois étoiles, ce soir.*   4. _____
3 5. *On vous voit de moins en moins.*   5. _____

5.3. Problèmes.

1. Comparez les prononciations des mots suivants et expliquez-les (voir 3.4 et 4.3) :
    1° *riez, ruelle, roué*
    2° *criez, cruelle, troué.*

2. Combien prononce-t-on de syllabes dans le deuxième cas?
Pourquoi? (voir 3.4.1.). De même que le groupe *ui* se prononce toujours [ɥi], le groupe *oi*, même précédé par 2 consonnes dans la même syllabe (*consonne + r* ou *consonne + l*), se prononce toujours [wa] ou parfois [wɑ]; c'est parce que [w] et [a] ont des points d'articulation voisins et constituent un groupe facile à prononcer pour un Français. Le maintien de la prononciation [tru-a], en deux syllabes, dans le verbe *trouer* au passé simple, résulte sans doute de l'influence grammaticale du radical du verbe. Il *troue* [tru], donc *troua* [trua].

3. Transcrivez : *trottoir, couloir, froid, droit.*

4. Comme dans le cas du *yod* (3.4.4) et du *ué* (4.3.5), en poésie, la voyelle [u] peut être substituée à la semi-consonne [w]. Pour quelles raisons? Donnez des exemples.

5.4. Phonémique.

/w/ s'oppose à /ɥ/ et à /j/, dans des mots comme :
    souhait – suer – scier; roué – ruer – riez
    /swɛ/ - /sɥe/ - /sje/   /rwe/ - /rɥe/ - /rje/
En poésie, par exemple, on peut substituer [y] à [ɥ], [u] à [w], ce qui montre que si ces semi-consonnes peuvent s'opposer linguistiquement l'une à l'autre, elles ne s'opposent jamais aux voyelles correspondantes pour distinguer des mots de sens différents.

Mais le yod constitue un cas à part. Il ne peut être substitué à [i] que dans le mot *hier*, ou en poésie, après consonne, comme dans *rien*. Dans tous les autres cas, le /j/ joue le rôle d'une consonne et est un phonème à part, qu'on ne peut jamais remplacer par /i/ (voir 3.5). A ce titre, on pourrait faire figurer le yod dans l'inventaire des consonnes françaises.

VOYELLES NASALES

[ɛ̃] [œ̃] [ɑ̃] [ɔ̃]

6.1. Conditions générales de la nasalité.

Les quatre voyelles nasales françaises sont :

| [ɛ̃] | [œ̃] | [ɑ̃] | [ɔ̃] |
comme dans *IN* *UN* *AN* *ON*

Elles sont représentées graphiquement par *une* ou *plusieurs* voyelles suivies de la consonne *N*. Ce *N* est remplacé par *M* * s'il est suivi d'un *B* ou d'un *P*.

Ex. : *pont* [pɔ̃] *pompier* [pɔ̃pje].

La graphie *Voyelle* + *N*, ou *Voyelle* + *M* ne représente une voyelle nasale que si elle se trouve :

1º *En finale absolue*
    vin, pan, bon, brun, Adam
    [vɛ̃] [pɑ̃] [bɔ̃] [brœ̃] [adɑ̃]

2º *Suivie d'une consonne écrite* (prononcée ou non) — *autre* que *N* ou *M* **
    peint, peinture, pend, pendu, long, longtemps
    [pɛ̃] [pɛ̃ty:r] [pɑ̃] [pɑ̃dy] [lɔ̃] [lɔ̃tɑ̃]
    humble, ambulance, pompier, pimpant
    [œ̃:bl] [ɑ̃bylɑ̃:s] [pɔ̃pje] [pɛ̃pɑ̃]

6.2. Remarques.

* On a la graphie *N* au lieu de *M* dans *bonbon, embonpoint*.
** Les préfixes *EN* et *EM* gardent leur nasalité même devant voyelle ou *N* et *M* :
    enivrer, ennoblir, emmener, s'enhardir
    [ɑ̃nivre] [ɑ̃nɔbli:r][ɑ̃mne]; [sɑ̃ardi:r]
    et dans : *ennui, ennuyeux, ennuyer*
            [ɑ̃nɥi] [ɑ̃nɥijø]; [ɑ̃nɥije]
Certaines nasales se dénasalisent dans la liaison. (Voir liaisons 42.2.2º.)

6.3. Voyelles nasales et voyelles orales avec la graphie : Voyelle + N.

Les tableaux ci-dessous illustrent, en les comparant, les cas où la graphie *voyelle + N* représente une prononciation *nasale* ou *non nasale*, selon la distribution suivante :

VOYELLES NASALES		VOYELLES NON NASALES	
Voy. + N final	Voy. + N + Cons. écrite (Prononcée ou non)	Voy. + N + Voy. écrite (Prononcée ou non)	Voy. + NN + Voy. écrite (Prononcée ou non)
vin, pain [vɛ̃] [pɛ̃]	*vingtaine, vingt* [vɛ̃tɛn] [vɛ̃]	*vinaigre, mine* [vinɛgr] [min]	*inné, benne* [ine] [bɛn]
un, quelqu'un [œ̃] [kɛlkœ̃]	*untel, uns* [œ̃tɛl] [œ̃]	*unique, une* [ynik] [yn];	*tunnel* [tynɛl]
plan, en [plɑ̃] [ɑ̃]	*planter, plant* [plɑ̃te] [plɑ̃]	*animé, plane* [anime] [plan]	*année, canne* [ane] [kan]
son, bon [sõ] [bõ]	*songe, sont* [sõ:ʒ] [sõ]	*sonoriser, téléphone* [sɔnɔrize] [telefɔn]	*donner, donne* [dɔne] [dɔn]

6.4. Voyelles nasales et voyelles orales avec la graphie : Voyelle + M.

VOYELLES NASALES		VOYELLES NON NASALES	
Voy. + M final	Voy. + M + { P B } (Prononcés ou non)	Voy. + M + Voy. écrite (Prononcée ou non)	Voy. + { MM MN }
* *essaim* [esɛ̃]	*grimper, imbécile* [grɛ̃pe] [ɛ̃besil]	*piment, lime* [pimɑ̃] [lim]	*immédiat, immobile* [imedja] [imɔbil]
* *parfum* [parfœ̃]	*humble* [œ̃:bl]	*parfumer, fume* [parfyme] [fym]	
* *Adam* [adɑ̃]	*hampe, jambe* [ɑ̃:p] [ʒɑ̃:b]	*famille, madame* [famij] [madam]	*flamme, indemne* [flam] [ɛ̃dɛmn]
* *nom*	*pompe, bombe, plomb* [põ:p] [bõ:b] [plõ]	*omelette, économe* [ɔmlɛt] [ekɔnɔm]	*homme, pomme* [ɔm] [pɔm]

6.5. Remarques.

* Notez que la graphie -*OM*, en finale, n'existe que dans un mot très courant. Les graphies avec m final du type *essaim, parfum, Adam* sont très rares dans les mots français. La terminaison la plus fréquente, dans ce cas est -*UM* qui se prononce [ɔm] comme dans *rhum* [rɔm], *maximum* [maksimɔm].

* Notez que la graphie -*MNE*, comme dans indemne [ɛ̃dɛmn], est très rare en finale.

Il y a des cas où les voyelles nasales [õ] et [ɛ̃] deviennent orales [ɔ] et [ɛ]. (Voir liaisons, 42.2.2º.)

6.6. Problèmes.

1. Transcrivez en phonétique les mots suivants :
   fin, singe, fini, fine, finnois, inaudible, intelligent
   brun, bruns, bruni, brune, lunette, inhumain
   en, dent, pan, panne, fane, année, enthousiaste
   don, dont, téléphone, sonne, tonner, honteux.

2. Classez ces mots en deux catégories : nasale, non nasale.

3. Même exercice avec les mots suivants :
   tombe, tomber, tome, atomique, parfumer
   pomme, immobile, jambe.

6.7. Voyelle nasale [ɛ̃].

La voyelle nasale [ɛ̃] s'écrit presque toujours *IN* (ou *IM* devant *P* et *B*). Toutes les graphies pour la nasale [ɛ̃] contiennent un I (sauf quelques mots rares). La nasale [ɛ̃] peut apparaître en toutes positions, avec la distribution graphique suivante :

GRAPHIE	EXEMPLES DE DISTRIBUTION DU [ɛ̃]			TIMBRE	FRÉQUENCE %	
	Initiale	Médiale	Finale		Écrite	Orale
IN	*inviter* [ɛ̃vite]	*pincer* [pɛ̃se]	*vin* [vɛ̃]	(Voir page suivante)		
YN		*syndicat* [sɛ̃dika]				
IM	*impossible* [ɛ̃pɔsibl]	*simplicité* [sɛ̃plisite]				
YM		*symphonie* [sɛ̃fɔni]	*thym* [tɛ̃]			

| GRAPHIE | EXEMPLES DE DISTRIBUTION DU [ɛ̃] | | | TIMBRE | FRÉQUENCE % | |
	Initiale	Médiale	Finale		Écrite	Orale
AIN	*ainsi* [ɛ̃si]	*vaincu* [vɛ̃ky]	*pain* [pɛ̃]	[ɛ̃]		
AIM			*faim* [fɛ̃]			
EIN		*teinté* [tɛ̃te]	*plein* [plɛ̃]		1,03	1,4
EIM		*Reims* [rɛ̃:s]				
ÉEN			*Européen* [ørɔpeɛ̃]	[eɛ̃]		
IEN *		*bientot* [bjɛ̃to]	*bien* [bjɛ̃]	[jɛ̃]		
YEN			*moyen* [mwajɛ̃]			
OIN	*oindre* wɛ̃dr	*coincer* kwɛ̃se	*coin* kwɛ̃	[wɛ̃]		

7.2. Remarques.

* Les verbes en -*IER* à l'impératif, comme *étudier, mendier, prier, renier*, ont une finale -*IENT*, prononcée [i] à la 3ᵉ personne du pluriel : *étudient* [etydi], *prient* [pri]... (cf. également 9.4.2.) Dans les verbes comme *tenir, venir* et leurs composés la finale -*IENT*, est prononcée [jɛ̃] à la 3ᵉ personne du singulier : *tient* [tjɛ̃], *vient* [vjɛ̃]... Dans les substantifs et les adjectifs, -*IENT* est prononcée [jɑ̃] : *client* [klijɑ̃], *patient* [pasjɑ̃]...

La graphie *EN*, qui représente d'habitude le son [ɑ̃], comme dans *dent* [dɑ̃], note le son [ɛ̃] dans le mot *examen* et des mots savants, étrangers ou géographiques tels que :

> *appendice, benzine, benjamin, pentagone, référendum, Rubens, Stendhal, Saint-Ouen...*
> [apɛ̃dis] [bɛ̃zin] [bɛ̃ʒamɛ̃] [pɛ̃tagɔn] [referɛ̃dɔm] [rybɛ̃:s] [stɛ̃dal] [sɛ̃twɛ̃]

La graphie -*ING*, dans les mots anglais, se prononce [iŋ] :

> *meeting, footing, Boeing* etc... sauf *shampooing.*
> [mitiŋ] [futiŋ]; [bɔiŋ]   [ʃɑ̃pwɛ̃]

7.3. Exercice de transcription.

1. *Je vous invite à Vincennes à la fin de la semaine.*
2. *Ainsi, cette symphonie vous paraît impossible à jouer?*
3. *Je vous plains, si vous devez peindre tout le magasin.*
4. *Les syndicats des industries de Reims ont un meeting.*
5. *C'est un citoyen bien sympathique.*

1. ....
2. ....
3. ....
4. ....
5. ....

7.4. Problèmes.

1. Quelles sont les graphies sans *I* ou *Y* pour le son [ɛ̃]?

2. Quelles sont les graphies qui existent dans toutes les positions pour le son [ɛ̃]?

3. Quelles sont les graphies très rares?

4. Dans quel cas trouve-t-on la graphie *YEN?*

5. Dans le cas du groupe *OIN*, y a-t-il beaucoup d'exemples modernes de cette graphie à l'initiale? (Cherchez dans votre dictionnaire.)

6. Faites une liste des oppositions courantes du type : *chien – chienne.*

7.5. Phonémique.

La voyelle nasale /ɛ̃/ alterne avec le groupe /ɛn/, pour distinguer le *masculin du féminin*, dans les adjectifs, les pronoms possessifs, et les substantifs des types suivants :

vain / vaine	*mien / mienne*	*chien / chienne*
sain / saine	*tien / tienne*	*doyen / doyenne*
plein / pleine	*sien / sienne*	*citoyen / citoyenne*

La même alternance existe pour distinguer le *singulier du pluriel*, dans les formes suivantes des verbes *tenir*, *venir* et leurs composés :

tient / tiennent
vient / viennent

Mais /ɛ̃/ alterne avec /in/, dans le cas de *divin / divine* et dans quelques substantifs comme *voisin / voisine*, *cousin / cousine*. Le féminin de *malin* est *maligne*.

8.1. Voyelle nasale [œ̃].

La voyelle nasale [œ̃] peut apparaître en toutes positions. Elle s'écrit presque toujours *UN*.

GRAPHIE	EXEMPLES DE DISTRIBUTION			TIMBRE	FRÉQUENCE	
	Initiale	Médiale	Finale		Écrite	Orale
UN	*un* [œ̃]	*lundi* [lœ̃di]	*aucun* [okœ̃]	[œ̃]	0,48	0,5
UM ⋆	*humble* [œ̃:bl]		*parfum* [parfœ̃]			

8.2. Remarque.

⋆*UM* en finale, se prononce [ɔm] dans tous les autres mots :
    rhum, maximum, minimum, consortium, aluminium...
    [rɔm] [maksimɔm] [minimɔm] [kɔ̃sɔrsjɔm] [alyminjɔm]

8.3. Exercice de transcription.

1. *Je ne veux aucun parfum au rhum.*   1. ....
2. *C'est quelqu'un qui vient de Verdun.*   2. ....
3. *Lundi, quelqu'un a emprunté le journal.* 3. ....
4. *Est-ce un brun ou une brune?*   4. ....
5. *Parfumez-vous avec ce parfum après*   5. ....
   votre shampooing.

8.4. Problèmes.

1. Notez la fréquence d'emploi très faible des graphies *UN* et *UM* (0,48) et du son [œ̃] (0,5). Comparez avec la fréquence du son [ɛ̃].

Dans quel mot [œ̃] est-il très fréquent? Quelle est alors sa position phonétique, accentuée ou inaccentuée?

2. En position inaccentuée [œ̃] est articulé sans effort des lèvres.
Est-il étonnant alors que beaucoup de Français prononcent [œ̃] comme [ɛ̃]?

3. Transcrivez en phonétique les mots suivants : *brin – brun; Agen – à jeûn; des fins – défunt.*

4. Essayez de trouver d'autres couples de mots de ce genre. Y en a-t-il beaucoup en français?

5. Dans combien de mots usuels trouve-t-on la graphie *UM* en français avec la prononciation [œ̃]?

8.5. Phonémique.

L'opposition entre les 2 nasales /ɛ̃/ et /œ̃/ qui ne servait à distinguer que très peu de mots en français, et qui était acoustiquement difficile à percevoir, tend à disparaître au profit de la seule voyelle nasale /ɛ̃/. D'autre part, il n'y a pas de mots avec voyelle orale /œ/, pouvant s'opposer à /œ̃/ dans des mots de même structure phonétique.

9.1. Voyelle nasale [ɑ̃].

La voyelle nasale [ɑ̃] s'écrit presque toujours *EN* ou *AN* (*EM* ou *AM* devant *P* et *B*). La nasale [ɑ̃] peut apparaître en toutes positions avec la distribution graphique suivante :

GRAPHIE	EXEMPLES DE DISTRIBUTION DU [ɑ̃]			TIMBRE	FRÉQUENCE	
	Initiale	Médiale	Finale		Écrite	Orale
EN	*entrer* [ɑ̃tre]	*lentement* [lɑ̃tmɑ̃]	*lent* [lɑ̃]			
EM + P B	*emporter* [ɑ̃pɔrte]	*temple* [tɑ̃:pl]	*temps* [tɑ̃]			
	embrasser [ɑ̃brase]	*sembler* [sɑ̃ble]				
AN	*ancre* [ɑ̃:kr]	*danser* [dɑ̃se]	*dans* [dɑ̃]	[ɑ̃]	3,30	3,3
AM + P B	*ampoule* [ɑ̃pul]	*lampe* [lɑ̃:p]	*Adam* [adɑ̃]			
	ambulance [ɑ̃bylɑ̃:s]	*jambe* [ʒɑ̃:b]				
AEN			*Caen* [kɑ̃]			
AON			*paon* [pɑ̃]			

9.2. Remarques.

Notez que *EM* n'existe pas en finale. *AM* n'existe, en finale, que dans *Adam*. Dans les mots étrangers, la graphie *AM* en finale représente les sons [am] : *Amsterdam* [amstɛrdam], *macadam* [makadam]...

La graphie *AON*, n'est guère utilisée que dans *paon, taon, faon* et *Laon*.

9.3. Exercice de transcription.

1. *Entrez lentement en regardant fixement.*   1. ....
2. *Changez l'ampoule de cette lampe.*   2. ....
3. *Jean rentre de vacances en septembre; pas avant.*   3. ....
4. *Vous dansez souvent avec Jean à Caen et à Laon.*   4. ....
5. *Il est fier comme un paon en ce moment.*   5. ....

9.4. Problèmes.

1. Quelles sont les graphies qui n'existent pas à l'initiale pour la prononciation de la voyelle [ɑ̃]?

2. A côté de la graphie de *Caen,* notez également celle de *Saint-Saëns* [sɛ̃sɑ̃:s]. De telles graphies sont-elles fréquentes?

3. Notez que dans les terminaisons des verbes, à la troisième personne du pluriel les graphies -*ENT* doivent être interprétées comme *E muet* + *NT* muets. Le rôle du *E* muet étant de noter graphiquement la prononciation de la consonne finale comme dans : descend*ent*, appren*nent*...

4. Au contraire, dans les autres cas, -*ENT* représentent [ɑ̃], comme dans *il ment* [ilmɑ̃], *il sent* [ilsɑ̃].

Transcrivez les mots : *dent, exactement, vendent, apprennent, viennent.*

5. Faites une liste de quelques alternances courantes des trois types suivants :
   Jean – Jeanne; prend – prennent; ardent – ardemment
   [ʒɑ̃] / [ʒan]   [prɑ̃] / [prɛn]   [ardɑ̃] / [ardamɑ̃]

9.5. Phonémique.

L'opposition /ɑ̃/ – /ɛ̃/ sert à distinguer de nombreux mots de sens différents, du type :

cent – saint; franc – frein; vent – vin; penser – pincer; enfant – enfin; parent –
[sɑ̃] / [sɛ̃]   [frɑ̃] / [frɛ̃]   [vɑ̃] / [vɛ̃]   [pɑ̃se] / [pɛ̃se]   [ɑ̃fɑ̃] / [ɑ̃fɛ̃]   [parɑ̃] /
parrain...
[parɛ̃]

— 40 —

Dans les substantifs /ɑ̃/ alterne avec /an/ pour distinguer les formes du masculin et du féminin, dans les mots du type : *Jean – Jeanne, paysan – paysanne.*

Dans certains verbes, /ɑ̃/ alterne avec /ɛn/ pour distinguer les formes de la troisième personne du singulier et du pluriel : *apprend – apprennent, prend – prennent.*

La nasale /ɑ̃/ alterne avec /amɑ̃/ pour distinguer les adjectifs en *-ENT* et *-ANT* des adverbes correspondants : *constant – constamment, ardent – ardemment.*

10.1. Voyelle nasale [ɔ̃].

La voyelle nasale [ɔ̃] s'écrit presque toujours *ON* (*OM* devant *P* et *B*). La nasale [ɔ̃] peut apparaître en toutes positions, avec la distribution graphique suivante :

GRAPHIE	EXEMPLES DE DISTRIBUTION DU [ɔ̃]			TIMBRE	FRÉQUENCE	
	Initiale	Médiale	Finale		Écrite	Orale
ON	*onde* [ɔ̃:d]	*ronde* [rɔ̃:d]	*ton* [tɔ̃]			
OM + P B		*pompe* [pɔ̃:p]	*rompt* [rɔ̃]	[ɔ̃]	1,97	2,0
	ombre [ɔ̃:br]	*bombe* [bɔ̃:b]	* *plomb* [plɔ̃]			

Remarque : Dans le mot *bonbon*, on a la graphie *ON* au lieu de *OM*, devant le *B*.

* En finale : on trouve également *-OM* dans *nom* et *renom*.

10.2. Exercice de transcription.

1. *On dit qu'ils sont très bons, ces bonbons.*   1. ....

2. *Les bombes tombent des avions.*   2. ....

3. *Voilà un bon banc de jonc, Jean; asseyons-nous donc.*   3. ....

4. *Il a les cheveux plus blancs que blonds.*   4. ....

5. *Prends donc un bon vin blanc de Chinon, Jean!*   5. ....

10.3. Problèmes.

1. Dans quelle position la graphie *OM* existe-t-elle? Est-elle très fréquente?

2. Quelles sont les fréquences d'emploi des voyelles nasales [ɛ̃], [œ̃], [ɑ̃], [ɔ̃] dans la langue parlée? Des graphies correspondantes dans la langue écrite?

3. Faites une liste d'oppositions de mots courants, d'une syllabe, différenciés seulement par ces 4 voyelles nasales.

4. Faites une liste des alternances courantes du type : *bon – bonne*

$$/bɔ̃/ \; / \; /bɔn/$$

Ces alternances sont-elles exactement parallèles à celles du type *chien – chienne* (7.5)? Servent-elles à distinguer autant de catégories grammaticales?

10.4. Phonémique.

La voyelle /ɔ̃/ alterne avec le groupe /ɔn/ pour distinguer quelques mots lexicaux tels que : *son – sonne, ton – tonne;* le masculin et le féminin : *bon – bonne, garçon – garçonne;* et toute une série de substantifs et de verbes, du type : *savon – savonne, plafond – plafonne.*

Les trois voyelles nasales /ɛ̃/, /ɑ̃/, /ɔ̃/ peuvent s'opposer entre elles pour distinguer de nombreux mots, tels que : *impair – Ampère – on perd; importer – emporter – ont porté; pain – pend – pont; pince – pense – ponce; lapin – lapant – Lapon...*

Ces trois voyelles nasales s'opposent respectivement aux voyelles orales correspondantes pour distinguer un grand nombre de mots, tels que : *paix – pain; pas – pend; pot – pont...*

Le *rendement* de toutes ces oppositions est donc très important. La seule opposition qui ne soit pas importante est celle de /œ̃/ et /ɛ̃/. puisque /œ̃/ est remplacé de plus en plus par [ɛ̃] même dans le parler soigné de la plupart des Français.

VOYELLES ORALES
à double timbre

E — EU — O — A

Règles générales

11.1. Timbre, structure syllabique et position.

Contrairement aux voyelles précédemment étudiées, les voyelles *E*, *EU*, *O*, peuvent avoir 2 timbres différents : fermé, comme dans *ces* [se], *ceux* [sø], *seau* [so] ou *ouvert*, comme dans *sel* [sɛl], *seul* [sœl], *sol* [sɔl]. (Le *A* peut être *antérieur* ou *postérieur*. 18.1).

Le timbre de ces voyelles peut être déterminé par d'autres facteurs que la graphie. Les plus importants, qui s'appliquent essentiellement aux voyelles *E*, *EU*, *O*, sont :

1. *La structure syllabique.* (Voir *Division syllabique*, 1.4.)

Une syllabe peut être *ouverte*, comme dans :

    ces, ceux, seau
    [se] [sø] [so]

(Elle se termine alors par voyelle prononcée).
Une syllabe peut être *fermée*, comme dans :

    sel, seul, sol
    [sɛl] [sœl] [sɔl]

(Elle se termine alors par une consonne prononcée).

2. *La position dans le mot.*

Phonétiquement, la voyelle peut être *accentuée*, c'est-à-dire en position finale, prononcée comme le dernier *é* de déjeuné ou en position *inaccentuée* comme dans le premier *é* de déjeuné.

11.2. Voyelles E, EU, O en position accentuée (finale prononcée). **Distribution.**

En règle générale :

1° Dans une syllabe fermée la voyelle est ouverte

2° Dans une syllabe ouverte la voyelle est fermée

Ces règles sont illustrées dans le tableau suivant. *Les cas numérotés 2°, 3°, 5° sont sans exception.* Les autres : 1°, 2°, 6°, ont des exceptions qui seront expliquées plus loin.

Exemples de graphies	Syllabe ouverte = Voyelle fermée	Syllabe fermée = Voyelle ouverte
é, è, ê ei, ey, eî ai, ay aie, ais, ait } E er, ez, et ef, ed	1° E *Fermé en général* *thé* [te]	2° E **Ouvert toujours** *terre* [tɛːr]
eu, eû oeu } EU ue	3° EU **Fermé toujours** *ceux* [sø]	4° EU *Ouvert en général* *seul* [sœl]
o, ô, au aux, eau } O aul, ault	5° O **Fermé toujours** *seau* [so]	6° O *Ouvert en général* *sol* [sɔl]

11.3. Exercice de transcription.

1. *Voilà l'épicier et l'épicière*   1. ....
2. *Elle pleure quand il pleut...*   2. ....
3. *Quel beau bol en terre!*   3. ....
4. *Quel beau col à la mode!*   4. ....
5. *Laisse le sel sur le sol.*   5. ....
6. *Laisse-le seul avec elle.*   6. ....

11.4. Problèmes.

1. Trouvez d'autres exemples des cas 2, 3, 5 du tableau 11.2. Les règles concernant ces voyelles sont-elles sans exceptions?

2. Transcrivez en phonétique les mots suivants :

    sème, somme, mer, meurt, mort.
    dé, deux, dos, j'ai, jeu, queue.
    flaire, fleur, flore, entré, entre eux
    décidé, numéro, menteur, voleur, fermier
    fermière, épicier, épicière.

3. Énoncez les règles de la prononciation des voyelles accentuées de ces mots en définissant d'abord leur position dans le mot, puis dans la syllabe avant de conclure par le timbre qui en résulte. (Revoir 1.5 et 11.2).

11.5. Voyelles E, EU, O, en position inaccentuée (c'est-à-dire voyelles qui précèdent la voyelle finale prononcée).

Elles peuvent être représentées par les mêmes graphies que pour 11.2. En position inaccentuée, les facteurs qui déterminent le timbre de la voyelle sont *en général* :

1. *La structure syllabique, qui joue un rôle dans le cas d'une syllabe fermée. Elle tend à maintenir un timbre ouvert.* Ainsi on aura :

```
E  : merci [mɛr/si]
EU : heurter [œr/te]
O  : porter [pɔr/te]
```

2. *L'analogie qui joue un rôle dans les mots dérivés.* La voyelle tend à garder le timbre qu'elle avait dans le radical :

```
E  : tête        entêtement
     [ɛ]    >    [ɛ]
     thé         théière
     [e]    >    [e]                 L'orthographe joue aussi
EU : jeune       jeunesse            sans doute un rôle
     [œ]    >    [œ]                 non négligeable
     deux        deuxième            dans ce cas
     [ø]    >    [ø]
O  : beau        beauté
     [o]    >    [o]
     gomme       gommer
     [ɔ]    >    [ɔ]
```

3. *L'assimilation de la voyelle inaccentuée par une voyelle finale,* (accentuée). Cette action joue principalement dans le rôle de la fermeture, et presque exclusivement pour E en syllabe ouverte, comme dans :

```
                    aide      aidé
[ɛ]    >    [e]     [ɛd]  >   [ede]     Voir 13.6
```

4. *La position inaccentuée elle-même,* faible, moins énergique, qui fait que, très souvent, le timbre peut être aussi bien ouvert que fermé, surtout en syllabe ouverte. Ainsi on peut entendre :

```
E    maison [mɛzõ] ou [mezõ]      Mais le plus souvent on entend un timbre
EU   Europe [ørɔp] ou [œrɔp]      intermédiaire, ni ouvert, ni fermé.
O    hôtel  [otɛl] ou [ɔtɛl]
```

De ces quatre facteurs, le quatrième est le plus important. Il peut contredire tous les autres dans le style de la conversation rapide habituelle.

11.6. Exercice de transcription.

Les exercices de transcription pour les voyelles inaccentuées seront donnés après l'étude particulière de chaque voyelle, en tenant compte des facteurs 1, 2 et 3, qui sont importants dans un style soigné.

11.7. Problèmes.

Le facteur nº 4 du paragraphe 11.5 joue inconsciemment dans une conversation rapide. On ne peut pas en tenir compte, d'un point de vue normatif. Mais il doit inciter à la tolérance.
Donnez d'autres exemples : 1º des cas 11.5.1 et 2º des cas 11.5.2.

RÈGLES PARTICULIÈRES
A CHACUNE DES VOYELLES E, EU, O

12.1. Voyelles E accentuées (finales prononcées) : Fermée [e] ou Ouverte [ɛ].

Deux *E* sur trois sont fermés en français standard. Leur distribution graphique et phonétique est la suivante :

STRUCTURE SYLLABIQUE	GRAPHIE	TIMBRE E fermé [e]	GRAPHIE	TIMBRE E ouvert [ɛ]
Syllabe fermée		Jamais de E fermé dans ce cas	e è ê ai aî ei } + N'importe quelle consonne prononcée	1º Toujours E ouvert en syllabe fermée *terre, sec, belle* [tɛ:r] [sɛk] [bɛl] *père, crème, sève* [pɛ:r] [krɛm] [sɛ:v] *[rêve, tête]* [rɛ:v] [tɛ:t] *baisse, maître* [bɛs] [mɛ:tr] *beige, Seine, treize* [bɛ:ʒ] [sɛn] [trɛ:z]
Syllabe ouverte	*Substantifs, adjectifs et adverbes* **-er, ers**	2º Toujours [e] *épicier, boulanger, léger* [episje] [bulɑ̃ʒe] [leʒe] *volontiers* [vɔlɔ̃tje]		Jamais de [ɛ] avec la terminaison ER*
			Substantifs et adjectifs **-ai, aid, ait** **-ais aix, aie**	3º [ɛ], dans le français standard de Paris *balai, laid, lait, dais, paix* [balɛ] [lɛ] [lɛ] [dɛ] [pɛ]

— 46 —

STRUCTURE SYLLABIQUE	GRAPHIE	TIMBRE E fermé [e]	GRAPHIE	Timbre E ouvert [ɛ]
Syllabe	Oppositions directes, dans des mots de même structure phonétique :			
	-é	4° /e/ gré, dé, bonté [gre] [de] [bõte] foré [fore]	-è -ê	5° /ɛ/ grès, dès [grɛ] [dɛ] forêt [forɛ]
	-ée	vallée, poignée [vale] [pwaɲe]	-et	valet, poignet, ballet [valɛ] [pwaɲɛ] [balɛ]
ouverte	Termi- naisons verbales -ai	6° /e/ j'ai [ʒe] j'irai, serai, dirai [ʒire] [sre] [dire] j'aimai, allai [ʒeme] [ale]	Terminaisons verbales -ai + ... suivi de n'importe quelle terminaison	7° /ɛ/ j'aie, tu aies, il ait [ʒɛ] [ɛ] [ɛ] j'irais, serais, dirais [irɛ] [srɛ] [dirɛ] j'aimais, allais, allait [ʒeme] [alɛ] [alɛ] allaient... [alɛ]
	-er, ez -é	aller, allez, allé [ale] [ale] [ale]		

12.2. Remarques.

Les graphies, rares, des mots *pied* et *clef* (orthographe moderne *clé*) représentent [pje] et [kle].

Les graphies, rares, -*EY* et -*AY* représentent [ɛ] dans des mots comme *Ney* [nɛ] et *Epernay* [epɛrnɛ] On prononce [e] dans la conjonction *et* et dans le mot *les*, article ou pronom.

Phénomène récent à Paris, toutes les terminaisons verbales en -AI (n° 6) ainsi que des mots comme quai *et* gai *(autrefois cités comme exceptions de la règle n° 3), ont tendance à passer à* [ɛ].

12.3. Exercice de transcription.

1. *Reste avec elle à la mer, cet été.* 1. ....
2. *Ferme cette fenêtre ouverte, s'il te plaît.* 2. ....
3. *Est-ce qu'elle avait dîné avec Michèle?* 3. ....
4. *J'irai à pied chez l'épicier avec elle.* 4. ....
5. *J'irais dans la forêt, si je pouvais.* 5. ....

12.4. Problèmes.

1. Dans quel cas a-t-on un [ɛ], sans exception possible, en position accentuée? Trouvez quelques exemples.

2. Théoriquement, comment devrait-on prononcer les mots suivants? (Voir 12.1, 4° et 5°.) Transcrivez-les en phonétique :

clé – claie; dé – dais; fée – fait; gré – grès; gué – gai; pré – près, prêt; thé – taie; épée – épais; poignée – poignet; vallée – valet.

Y a-t-il beaucoup d'autres mots de ce type qui pourraient être distingués par l'opposition /e/ – /ε/? Est-il étonnant alors que beaucoup de Français fassent mal la distinction dans ce cas?

3. Théoriquement, comment devrait-on prononcer les mots suivants? (Voir 12.1, 6° et 7°.) Transcrivez-les en phonétique :

> *j'irai – j'irais; je serai – je serais; je ferai – je ferais; je prendrai – je prendrais; je mangerai – je mangerais; j'aimai – j'aimais; je mangeai – je mangeais.*

4. Y a-t-il d'autres formes verbales qui peuvent se différencier de cette façon? Classez toutes ces oppositions verbales.

5. Est-il étonnant que beaucoup de Français fassent mal la distinction dans ce cas, et qu'ils expriment, le plus souvent possible, l'opposition :

> *je mangerai / je mangerais*

de la façon suivante :

> *je vais manger / je voudrais manger* ou *je mangerais bien.*

12.5. Phonémique.

En position accentuée, les voyelles [e] *et* [ε] *tendent à être distribuées, phonétiquement d'une façon complémentaire :*

— E en syllabe fermée est toujours ouvert (cas n° 1, p. 44).
— E en syllabe ouverte tend à être fermé (cas n° 2 et 4).

Dans le cas N° 3, les terminaisons des mots comme *lait, balai* que les phonéticiens décrivaient comme tendant à passer à [e], sont nettement ouvertes à Paris et les formes verbales en *ai* semblent suivre la même tendance. Dans les cas 5° et 7°, ces terminaisons servent encore à distinguer des couples tels que : *gré – grès, allé – allait, aimé – aimait.*

Ces oppositions, peu nombreuses, ne sont vraiment distinctives que dans le cas, assez rare, de formes isolées.

Les oppositions phonémiques les plus importantes sont celles du type :

chant(e) – chant*é,* chant*ez...* chant*ais...*
mange – mang*é,* mang*er...* mang*eais...*

Dans tous ces cas, un [e] ou un [ε] est opposé à une finale muette, qu'on appelle un *phonème zéro.* *Le rendement de l'opposition /e/-phonème zéro est le plus important de toutes les oppositions possibles en français.*

13.1. Voyelles E inaccentuées (non finales).

Deux *E* sur trois sont fermés en position inaccentuée. La différence entre les deux timbres fermé et ouvert, tend à s'atténuer en position inaccentuée. Leur distribution graphique et phonétique est la suivante en français standard :

STRUCTURE SYLLABIQUE	GRAPHIE	TIMBRE E fermé [e]	GRAPHIE	TIMBRE E ouvert [ɛ]
Syllabe fermée		Jamais de [e] en syllabe fermée	e + Consonne prononcée	1º *Toujours* [ɛ] *en syllabe fermée* septique, netteté [sɛp/tik] [nɛt/te] section, perdu... [sɛk/sjõ] [pɛr/dy]
Syllabe ouverte	é	2º [e] *déjà, ménage* [deʒa] [mena:ʒ]		
	e + s	*les, des, mes, tes, ses* [le] [de] [me] [te] [se] *messieurs...* [mesjø]		
	e + sc	*descente...* [desã:t]		
	e + consonne double (autre que r)	*effet, essence...* [efɛ] [esã:s]		
			e + rr	3º [ɛ] *perroquet, terreur* [pɛrɔkɛ] [tɛrœ:r]
			ei, ey	*meilleur* [mɛjœ:r]
			ai, ay	*maison, Raymond* [mɛzõ] [rɛmõ]

13.2. Remarques.

* La graphie *ES*, bien qu'étant finale, se trouve en position inaccentuée dans les mots *les, des mes, tes, ses*, articles ou adjectifs.

La graphie *É* peut représenter un [ɛ] lorsqu'elle se trouve en syllabe fermée, par suite de la chute d'un e muet, comme dans :

     *évé*nement, *é*levé, *Fén*elon...

     [evɛn/mã] [ɛl/ve] [fɛn/lõ]

— 49 —

13.3. Exercice de transcription.

1. *Vous avez déjà terminé, Raymond?*   1. ....
2. *C'est étrange, en effet, ce mélange.*   2. ....
3. *Merci, messieurs, d'être resté.*   3. ....
4. *Je n'ai plus d'essence, c'est vrai.*   4. ....
5. *Descendez par l'escalier de pierre,*   5. ....
   derrière la maison.   ....

13.4. Problèmes.

1. Pour le *E* inaccentué quelle est la règle de prononciation qui est analogue à celle du *E* accentué (voir 12.1 et 13.1).

2. Comparez l'orthographe des mots suivants :
   pèlerin, avènement, événement, élevé.
Quelle est l'orthographe la plus conforme à la prononciation? Pourquoi? (voir 13.2).

3. Y a-t-il pour le *E* inaccentué, des mots de même structure phonétique qui peuvent être différenciés seulement par une opposition /e/ – /ɛ/, comparable à *gré / grès* en position accentuée? (voir 12.4).

4. Si un Français prononce *essence* avec [ɛ] plutôt qu'avec [e], en résultera-t-il une différence pour la compréhension? Est-il étonnant alors que tant de Français ne fassent pas la distinction entre 13.1.2 et 13.1.3?

5. Notez que la distribution phonétique des *E* inaccentués paraît être complémentaire (13.1.1 et 13.1.2 se complètent) Par rapport à cette distribution, comment apparaît alors 13.1.3? (Tableau p. 49).

13.5. E inaccentué dans les mots dérivés.

Dans les dérivés, *E* inaccentué garde le timbre qu'il avait dans le mot dont il provient :

E FERMÉ RESTE FERMÉ		E OUVERT RESTE OUVERT	
Thé > *théière, fée* > *féerique*		*sèche* > *sèchement, aime* > *aimait*	
[te] [tejɛːr] [fe] [feerik]		[sɛʃ] [sɛʃmã] [em] [ɛme]	
idée > *idéal, café* > *décaféiné*		*bête* > *bêtement, enseigne* > *enseignement*	
[ide] [ideal] [kafe] [dekafeine]		[bɛt] [bɛtmã] [ãsɛɲ] [ãsɛɲmã]	

13.6. E inaccentué dans les dérivés. Harmonisation vocalique.

L'harmonisation vocalique est un phénomène d'assimilation à distance. On se prépare à articuler une voyelle *accentuée* (forte) et *fermée*, et on néglige l'articulation de la voyelle *inaccentuée* (faible) et ouverte qui se ferme aussi. Elle *s'harmonise* avec la voyelle accentuée.

HARMONISATION VOCALIQUE EN SYLLABE OUVERTE SEULEMENT	JAMAIS D'HARMONISATION VOCALIQUE EN SYLLABE FERMÉE
E ouvert, à l'origine, devient [e] fermé s'il est suivi d'une des voyelles fermées [e], [i], [y]	E reste ouvert (même suivi de [e], [i], [y] accentué), s'il est en syllabe fermée :
sèche > *séché,* *aime* > *aimé* [sɛʃ] [seʃe] [ɛm] [eme] *bête* > *bêtise, tête* > *têtu* [bɛt] [beti:z] [tɛt] [tety]	*perce* > *percé, ferme* > *fermé* [pɛrs] [pɛrse] [fɛrm] [fɛrme] *perd* > *perdu, merci...* [pɛ:r] [pɛrdy] [mɛrsi]

13.7. Remarque.

Dans les dérivés du verbe *faire*, [ɛ] devient [ə] instable :
faire > *faisant, faisons, faisiez, malfaisant...* et dans le mot *faisan.*
[fɛ:r] [fəzɑ̃] [fəzõ] [fəzje] [malfəzɑ̃] [fəzɑ̃.]
Mais on prononce : malf*ai*teur [malfɛtœ:r] et bienf*ai*teur (bjɛ̃fɛtœ:r).
On a tendance à ne pas faire l'harmonisation vocalique dans la diction des vers.

13.8. Exercice de transcription.

1. *Versez le thé dans la théière.* ↻   1. ....
2. *C'est un enseignement idéal.* ↻   2. ....
3. *Elle est bête et fait des bêtises.* 4   3. ....
4. *C'est une terrible erreur.* 3   4. ....
5. *Quelle tête! Il est têtu!* ↻   5. ....

13.9. Problèmes.

1. Comparez l'orthographe des mots suivants :
    cédé, entêté, séché, vêtement, vêtu, fêlé.

Transcrivez ces mots en phonétique (voir 13.5 et 13.6) et indiquez les mots où l'orthographe est conforme à la prononciation.

2. Transcrivez les mots :
    professe, professeur, professer; confesse, confesseur, confesser.

Expliquez leur prononciation.

3. Donnez des exemples courants d'harmonisation vocalique.

13.10. Phonémique.

En français standard, en position inaccentuée, *E fermé* n'est jamais opposé à *E ouvert*, /e/–/ɛ/, pour distinguer des mots de sens différent.

Il n'est donc pas étonnant qu'on entende souvent les Français hésiter entre *maison* [mezõ] ou [mɛzõ], *essence* [esã:s] ou [ɛsã:s], *terri*ble [teribl] ou [tɛribl] et que souvent il en résulte un timbre intermédiaire.

E inaccentué a tendance à devenir E moyen.

13.11. Fréquence d'emploi du E en français.

Timbre	E fermé [e]	E ouvert [ɛ]
Langue écrite	7,55	3,01
Langue orale	6,5	5,3

14.1. Voyelles EU accentuées (finales) : Fermée [ø] ou Ouverte [œ].

Les voyelles [ø] et [œ] s'écrivent presque toujours de la même manière : *EU*. Deux *EU* sur trois sont des [ø] fermés, en français standard. Leur timbre dépend essentiellement de leur distribution, qui est la suivante :

Structure syllabique	Graphie	Timbre EU fermé [ø]	Graphie	Timbre EU ouvert [œ]
Syllabe ouverte	**eu**	1° Toujours [ø] en syllabe ouverte *peu, deux, yeux* [pø] [dø] [jø]		Jamais de [œ], dans ce cas
	œu	*bœufs, œufs* [bø]; [ø]		
Syllabe [r] fermée [j] par [f] [v] [vr] [pl]		Jamais de [ø] avec les consonnes finales ci-contre (n° 2)	2° [œ] avec les termi-naisons : -eur, eure -euil, euille -euf, œuf -euve -euvre, œuvre -euple	*menteur, heure* [mãtœ:r] [œ:r] *deuil, feuille* [dœj]; [fœj] *neuf, bœuf, œuf* [nœf] [bœf] [œf] *neuve* [nœ:v] *couleuvre, œuvre* [kulœ:vr.] [œ:vr.] *peuple* [pœpl]

STRUCTUREE SYLLABIQUE	GRAPHIE	TIMBRE EU fermé [ø]	GRAPHIE	TIMBRE EU ouvert [œ]
Syllabe [z]	3º [ø] avec les terminaisons : -euse, euze	*menteuse, gazeuse* [mãtø:z] [gazø:z]		
[t]	-eute	*meute* [mø:t]		
[tr]	-eutre	*neutre, feutre* [nø:tr] [fø:tr]		Jamais de [œ] avec les consonnes finales ci-contre (nº 3)
[d]	-eude	*Eudes* [ø:d]		
[ʒ]	-euge	*Maubeuge* [mobø:ʒ]		
fermée [kt]	-eucte	*Polyeucte* [pɔljø:kt]		

Oppositions directes dans *quelques mots* de même structure :

		4º /ø/		5º /œ/
[l]	-eule	*veule* [vø:l]	-eule	*veulent, gueule...* [vœl] [gœl]
	-eule		-eul	*seul* [sœl]
par [n]	-eûne	*jeûne* [ʒø:n]	-eune	*jeune* [ʒœn]
[gl]	-eugle	beugle [bø:gl]	-eugle	*aveugle* [avœgl]

14.2. Remarques.

Les cas représentés au nº 3 sont très rares; sauf la terminaison [ø:z], comme dans *menteuse* qui, elle, est très fréquente.

Les cas représentés aux nᵒˢ 4 et 5, sont rares; sauf la terminaison [œl], comme dans *seul et gueule*, qui, elle, est un peu plus fréquente.

La graphie *EU* est inversée après *C* et *G*, dans les mots du type : *cueille, orgueil*.

14.3. Exercice de transcription.

1. *Elle a les yeux bleus et a peu de cheveux.*
2. *C'étaient deux vieux messieurs un peu gâteux.*

1. ....
   ....
3. ....
   ....

3. *C'était un jeune ingénieur à l'œil mali-*   3. ....

    cieux.   ....

4. *Il est menteur et paresseux et sa sœur*   4. ....

    est voleuse.   ....

5. *Ils veulent un feutre de couleur neutre.*   5. ....

14.4. Problèmes.

1. Dans quel cas *EU* final, suivi d'une consonne prononcée, est-il toujours prononcé [œ] ouvert? Exemples.

2. De quelle règle concernant *E* accentué peut-on rapprocher la règle (14.1.1º)?

3. En règle générale, *EU* accentué, en syllabe fermée est ouvert [œ], comme dans : *neuf*. Quelle est dans ce cas, la terminaison la plus fréquente?

4. Quelle est l'exception principale à cette règle?

5. Donnez d'autres mots du type :
    voleur – voleuse; menteur – menteuse; chanteur – chanteuse.

6. Transcrivez les mots suivants et expliquez leur prononciation :
    œuf – œufs; bœuf – bœufs; œil – yeux (14.1.1) (14.1.2).
Ce sont les seuls mots de ce type. Comparez avec :
    veuf, veufs, deuil, deuils...
    [vœf] [vœf] [dœj] [dœj]

7. Y a-t-il beaucoup d'exemples, en français d'oppositions du type *jeune / jeûne*?
    /ʒœn/-/ʒø:n/

14.5. Phonémique.

En position accentuée, les voyelles [ø] et [œ] tendent à être distribuées d'une *façon complémentaire :*

— En syllabe ouverte = [ø] comme dans........... *honteux*
— En syllabe fermée = [œ] devant [r], [j]......... *chanteur*
— = [ø] devant [z], [t]......... *chanteuse*

Les seuls cas ou /ø/ et /œ/ sont opposés phonémiquement se trouvent en syllabe fermée par *n* et *l*. Ces cas sont très rares. L'*opposition linguistique /ø/-/œ/ n'est pas d'un bon rendement.*

15.1. Voyelle EU inaccentuée dans les mots dérivés.

Dans les dérivés, *EU* inaccentué, garde le timbre qu'il avait dans les mots dont il provient. La graphie reste également la même.

EU FERMÉ RESTE FERMÉ	EU OUVERT RESTE OUVERT
deux > *deuxième, creux* > *creuser* [dø] [døzjɛm] [krø] [krøze] *neutre* > *neutraliser* [nø:tr] [nøtralize]	*seul* > *seulement, peur* > *peureux* [sœl] [sœlmɑ̃] [pœ:r] [pœrø] *cueille* > *cueillir, peuple* > *peupler* [kœj] [kœji:r] [pœpl] [pœple]

15.2. Voyelle EU inaccentuée dans les autres mots : EU fermé [ø].

jeudi, meunier, Eugène, Eustache...
[ʒødi] [mønje] [øʒen] [østaʃ

15.3. Exercice de transcription.

1. *Si seulement j'étais seul à pleurer.*   1. ....
2. *Cueillez ces fleurs bleutées.*   2. ....
3. *Tu peux parler du peuplement de l'Europe.*   3. ....
4. *Veux-tu venir le deuxième jeudi ?*   4. ....
5. *Heureusement, il peut être neutralisé.*   5. ....

15.4. Problèmes.

1. Transcrivez en phonétique les mots suivants :

sèche, sèchement – seul, seulement – pleure, pleurer.
café, caféine – creux, creuser – deux, deuxième.

2. Montrer les similitudes des prononciations dans les cas ci-dessus, concernant *E* et *EU* inaccentués.

Trouvez d'autres exemples.

15.5. Phonémique.

En français standard, en position inaccentuée, [ø] *n'est jamais opposé à* [œ] *pour distinguer des mots de sens différent.* Il n'est donc pas étonnant que la distinction de timbre entre [ø] et [œ] soit beaucoup moins nette qu'en position accentuée. *EU* inaccentué est aussi plus faible articulatoirement. Dans beaucoup de mots, il y a hésitation entre les deux prononciations. On entend : *Europe* [ørɔp] ou [œrɔp]; *peureux* [pørø] ou [pœrø], *malheureux* [malœrø] ou [malørø]; *jeudi* [ʒødi] ou [ʒœdi]. *Souvent on entend un timbre intermédiaire : EU inaccentué tend à devenir moyen.*

— 55 —

15.6. Fréquence d'emploi du EU en français.

TIMBRE	EU FERMÉ [ø]	EU OUVERT [œ]
Langue écrite	0,55	0,45
Langue orale	0,6	0,3

16.1. Voyelles O accentuées (finales prononcées) : fermée [o] ou ouverte [ɔ].

Il y a presque deux fois plus de O fermés que de O ouverts, en français standard. Leur distribution graphique et phonétique est la suivante :

STRUCTURE SYLLABIQUE	GRAPHIE	TIMBRE O fermé [o]	GRAPHIE	TIMBRE O ouvert [ɔ]
Syllabe ouverte	o au eau	1° Toujours O fermé en syllabe ouverte *numéro, pot* [nymero] [po] *chaud, faux* [ʃo] [fo] *eau, beau* [o] [bo]		Jamais de O ouvert dans ce cas
Syllabe [r] [g] [ɲ]		Jamais de O fermé avec ces consonnes finales	o, au o o	2° [ɔ] avec ces consonnes finales *or, port, Laure* [ɔ:r] [pɔ:r] [lɔ:r] *vogue* [vɔg] *grogne* [grɔɲ]
fermée [z]	o, au	3° Toujours [o:z] *rose, cause, Berlioz* [ro:z] [ko:z] [berljo:z]		Jamais de [ɔ] avec [z] final
par		Oppositions directes dans des mots de même structure :		
★[s]	au	4° /o/ *Beauce, causse* [bo:s] [ko:s]	o	5° /ɔ/ *bosse, Écosse* [bɔs] [ekɔs]

STRUCTURE SYLLABIQUE	GRAPHIE	TIMBRE O fermé [o]	GRAPHIE	TIMBRE O ouvert [ɔ]
[f]	au	*sauf* [so:f]	o	*étoffe* [etɔf]
[v]	au, ô	*sauve, alcôve* [so:v] [alko:v]	o	*innove* [inɔ:v]
[fr]	au	*gaufre* [go:fr]	o	*coffre* [kɔfr]
[vr]	au	*pauvre* [po:vr]	o	*Hanovre* [anɔvr]
[ʃ]	au	*gauche* [go:ʃ]	o	*poche* [pɔʃ]
[ʒ]	au, os	*auge, Vosges* [o:ʒ] [vo:ʒ]	o	*loge* [lɔ:ʒ]
[p]	au	*taupe* [to:p]	o	*top* [tɔp]
[b]	au	*aube* [o:b]	o	*robe* [rɔb]
[t]	au, ô	*saute, côte* [so:t] [ko:t]	o	*sotte, cotte* [sɔt] [kɔt]
[d]	au	*Aude, chaude* [o:d] [ʃo:d]	o	*ode* [ɔd]
[tr]	au, ô	*vautre, vôtre, nôtre* [vo:tr] [vo:tr] [no:tr]	o	*(votre, notre)* [vɔtr] [nɔtr]
[k]	au	*rauque* [ro:k]	o	*roc* [rɔk]
[l]	au, ô	*saule, drôle* [so:l] [dro:l]	o	*sol* [sɔl]
★★[m]	au, o	*paume, binôme* [po:m] [bino:m]	o, u + m	*pomme, rhum* [pɔm] [rɔm]
★★★[n]	au, ô, aô	*aune, trône, Saône* [o:n] [tro:n] [so:n]	o	*tonne, sonne* [tɔn] [sɔn]
[j]	Jamais de [j] en finale précédé de [o] ou [ɔ]			

Syllabe fermée par

16.2. Remarques.

Notez que, d'une façon générale, en syllabe fermée, la prononciation *O fermé* est rendue par les graphies *au* ou *ô*.

Au lieu de [ɔ] on prononce [o] dans quelques mots :

★ *osse* [o:s] dans : *adosse, endosse, fosse* et *grosse*.

★★ *ome* [o:m] dans *arome, atome, axiome, idiome, aérodrome, hippodrome, vélodrome, chrome, tome...* (mots savants venus du grec, avec un O long).

*** *one* [o:n] dans *cyclone, amazone.*

Notez, en outre que *AU* se prononce [ɔ] dans *Paul* (masculin) qui s'oppose ainsi à *Paule* [po:l] (féminin).

(*Votre* et *notre* sont en réalité toujours inaccentués. On les a classés vis-à-vis de *vôtre* et *nôtre* pour montrer l'opposition des timbres.)

16.3. Exercice de transcription.

1. *Il fait trop chaud à Pau en automne?*   1. ....
2. *Quel beau chapeau rose, Simone!*   2. ....
3. *Apporte le pot d'eau chaude, Claude.*   3. ....
4. *Paul est sot et Paule est sotte!*   4. ....
5. *Une autre côte de porc aux pommes!*   5. ....

16.4. Problèmes.

1. Donnez des exemples de O accentué en syllabe ouverte. Peut-on avoir un O ouvert dans cette position?

2. En syllabe fermée, O accentué est le plus souvent ouvert comme dans *or*. Donnez d'autres exemples (16.1.2⁰ et 16.1.5⁰).

3. Peut-on avoir un O fermé avant les consonnes [r], [g] et [ɲ]?

4. Peut-on avoir un O ouvert avant la consonne [z]?

5. Les cas 1⁰, 2⁰ et 3⁰ du tableau 16.1 sont en distribution complémentaire. Au contraire dans les cas 4⁰ et 5⁰ on peut avoir /o/ ou /ɔ/ en opposition dans des mots de même structure comme :

Beauce | bosse,   Aude | ode
saute | sotte,   rauque | roc...

Faites une liste aussi complète que possible des oppositions que vous trouverez dans ce cas. Pouvez-vous en déduire une règle graphique générale? (Voir le tableau 17.1.)

6. L'opposition /o/ – /ɔ/ sert-elle à distinguer des mots du lexique ou des catégories grammaticales? Comparez avec (10.4).

7. Notez que le O fermé, suivi d'une consonne prononcée est toujours [o:] long. Transcrivez : *faute – chaude – rôde – pause – cause – atome.*

8. Comparez les mots :

peu,   peur,   menteuse
[pø]   [pœ:r],   [mɑ̃tø:z]

peau, port, pause
[po] [pɔːr] [poːz]

Définissez les cas ci-dessus. Expliquez leur similitude. Donnez d'autres exemples.

9. Le son [j] apparaît, en finale, après [ɛ], comme dans so*leil* et après [œ] comme dans *feuille*. Peut-il apparaître après [ɔ]? (Voir 16.1.4º.)

16.5. Phonémique.

Les voyelles [o] et [ɔ] sont distribuées de *façon complémentaire* :

— En syllabe ouverte = [o], comme dans *eau*
— En syllabe fermée = [ɔ], comme dans *or*
—   —   = [o], devant [z], comme dans *ose*

C'est seulement en syllabe fermée que l'opposition /o/ – /ɔ/ sert à distinguer des mots de structure identique comme :

rauque – roc
/roːk/ – /rɔk/

A l'opposition de timbre, s'ajoute alors une opposition de longueur : *O fermé long / O ouvert bref.*

17.1. Voyelle O inaccentuée, dans les mots simples (mots non dérivés d'un autre mot).

STRUCTURE PHONÉTIQUE DU MOT	O SUIVI DE N'IMPORTE QUEL SON	O SUIVI DU SON [z]
Graphie :	**o, au**	**o, au**
Timbre	Presque toujours O ouvert [ɔ] *soleil, occupé, orient,* [sɔlɛj] [ɔkype] [ɔrjã] *ausculter, auto* [ɔskylte] [ɔto]	Toujours O fermé [o] * *groseille, Joseph,* [grozɛj] [ʒozɛf] *Dauzat* [doza]

17.2. Voyelle O inaccentuée, dans les mots dérivés.

O inaccentué garde le timbre qu'il avait dans les mots dont il est dérivé. Il conserve également la même graphie.

O OUVERT RESTE OUVERT [ɔ]	O FERMÉ RESTE FERMÉ [o]
	chaud > *chaudement* [ʃo] [ʃodmɑ̃] *cause* > *causé, rose* > *roseur* [ko:z] [koze] [ro:z] [rozœ:r]
cotte > *cotté* [kɔt] [kɔte] *botte* > *botté* [bɔt] [bɔte] *hotte* > *hotteur* [ɔt] [ɔtœ:r]	*côte* > *côté* [ko:t] [kote] *beau* > *beauté* [bo] [bote] *haute* > *hauteur* [o:t] [otœ:r]

17.3. Remarques.

Dans les dérivés des mots en *-ome* et *-one* (notés dans la Remarque 16.2), O inaccentué devient [ɔ] *aromatique, atomique, idiomatique, Amazonie...*
Il est également ouvert dans : *diplomate* et *polaire*.

★ O inaccentué reste ouvert malgré le son [z], dans *cosaque, losange, mosaïque, Moselle, myosotis.* (Comparez 17.1.)

Notez les prononciations : *oignon* [ɔɲɔ̃], *alcoolique* [alkɔlik], *coopérative* [kɔperati:v] à côté de *coopérer* [kɔopere], ainsi que les prononciations du mot *zoo* [zɔo] et [zo :].

17.4. Exercice de transcription.

1. *Votre nouveau modèle de robe est joli.*   1. ....
2. *Notre autobus stoppe à gauche, le vôtre ici.*   2. ....
   ....
3. *Vous voilà bottée et toute en beauté!*   3. ....
4. *Donnez encore de votre rosé à Maurice.*   4. ....
5. *Robert est un sportif normand original.*   5. ....

17.5. Problèmes.

1. Dans la plupart des cas, *O* inaccentué est ouvert. Quelle est la principale exception? (17.1).

2. En réalité cette exception se retrouve surtout en 17.2. Dans quels types de mots? Donnez d'autres exemples.

3. L'analogie joue un rôle certain, même dans des cas comme : *faut* > *faudra, vaut* > *vaurien,* et peut-être même dans *beau* > *beaucoup.* Transcrivez ces mots.

4. L'orthographe *AU* peut influencer la prononciation et tend à conserver le [o] dans quelques mots simples comme *cruauté, aussi, auguste*. Par quelles voyelles se terminent ces mots? Comparez avec ce qui se passe pour *E* inaccentué (15.6).

Dans la plupart des autres mots avec *AU*, la prononciation moderne est [ɔ], comme dans : *lauréat, mauvais, Mauriac...*

5. En position inaccentuée, la distinction de timbre entre *O* fermé et *O* ouvert est beaucoup moins nette qu'en position accentuée. (*O* fermé est moins fermé, *O* ouvert moins ouvert). Comparez avec *E* inaccentué (13.4) et *EU* inaccentué (15.5).

6. D'une part, la voyelle inaccentuée est plus faible articulatoirement; d'autre part, y a-t-il beaucoup de cas où [o] et [ɔ] inaccentués s'opposent pour distinguer des mots de sens différent, comme *botté – beauté?*

7. Est-il étonnant alors que la prononciation hésite parfois entre [o] et [ɔ] et qu'on entende :

Josette [ʒozɛt] ou [ʒɔzɛt], *Mauriac* [mɔrjak] ou [mɔrjak], *Australie* [ɔ] ou [o], *hôtel* [o] ou [ɔ]...

17.6. Phonémique.

L'opposition *O fermé / O ouvert*, en position inaccentuée, peut servir à distinguer des mots de sens différent. Ce sont des termes lexicaux, comme *côté, cotté*. Ces oppositions ne sont vraiment distinctives que dans le cas, rare, de formes isolées. Dans tous les cas, lorsqu'il y a hésitation, c'est toujours au profit de *O ouvert*.

17.7. Fréquence d'emploi du O en français.

Timbre	O fermé	O ouvert
Langue écrite	0,23	1,7
Langue orale	2,21	1,5

18.1. Voyelles A accentuées (finales) : antérieure [a] ou postérieure [ɑ].

Quatre-vingt-quinze A sur cent sont antérieurs en français standard. Leur distribution graphique et phonétique est la suivante :

STRUCTURE SYLLABIQUE	GRAPHIE	TIMBRE A antérieur [a]	GRAPHIE	TIMBRE A postérieur [ɑ]
Syllabe ouverte	a à	1º Presque toujours [a] *il a, tu as, avocat, là* [ila] [tya] [avɔka] [la] *chocolat, et caetera* [ʃɔkɔla] [ɛtsetera]	-as â	2º [ɑ] dans quelques monosyllabes *tas, las, bas, pas...* [tɑ] [lɑ] [bɑ] [pɑ] *bât* [bɑ]

STRUCTURE SYLLABIQUE	GRAPHIE	TIMBRE A antérieur [a]	GRAPHIE	TIMBRE A postérieur [ɑ]
Syllabe [p] [b] [bl] [d] [f] [g] [kl] [ɲ] [r]	a	3º Toujours [a] avec ces terminaisons *pape* [pap] *arabe* [arab] *aimable* [ɛmabl] *ballade* [balad] *girafe* [ʒiraf] *bague* [bag] *miracle* [mirakl] *montagne* [mõtaɲ] *bar* [ba:r] *tard* [ta:r]		Jamais de [ɑ] avec ces terminaisons
[z]		Jamais de [a] avec cette terminaison	a	4º Toujours [ɑ:z] *rase, gaz, phrase* * [rɑ:z] [gɑ:z] [frɑ:z]

Oppositions directes dans *quelques mots* de même structure :

STRUCTURE SYLLABIQUE	GRAPHIE	TIMBRE A antérieur [a]	GRAPHIE	TIMBRE A postérieur [ɑ]
fermée par [t] [tr] [k] [kr] [ʃ] [ʒ] [m] [n] [l]	a	5º /a/ *patte* [pat] *quatre* [katr] *bac* [bak] *nacre* [nakr] *tache* [taʃ] *rage* [ra:ʒ] *flamme* [flam] *Anne* [an] *halle, balle, malle* [al] [bal] [mal]	â	6º /ɑ/ *pâte* [pɑ:t] *pâtre* [pɑ:tr] *Pâques* [pɑ:k] *âcre* [ɑ:kr] *tâche* [tɑ:ʃ] *âge* [ɑ:ʒ] *âme* [ɑ:m] *âne* [ɑ:n] *hâle, Bâle, mâle* [ɑ:l] [bɑ:l] [mɑ:l]
[s]	a + sse	*chasse, fasse*; [ʃas] [fas]	â	*châsse* [ʃɑ:s]
	a + ce	*lace* [las]	a + sse	*lasse, passe* [lɑ:s] [pɑ:s]

STRUCTURE SYLLABIQUE	GRAPHIE	TIMBRE A antérieur seulement [a]
Syllabe fermée par [j]	**-ail** **-aille**	*travail* [travaj], *détail* [detaj] *travaille* [travaj], *détaille* [detaj] **bataille* [bataj], **Versailles* [vɛʁsaj]

18.2. Remarques.

* Sauf pour la terminaison [ɑ:z], la structure syllabique ne joue aucun rôle dans la détermination du timbre du A. (Comparer avec E, EU, O.)

La graphie *â* représente [a] antérieur dans les verbes : *parlâmes, parlâtes...*

On prononce [a] dans *femme* [fam], *poêle* [pwal], *moelle* [mwal], *couenne* [kwan]...

Les terminaisons *ail* et *aille* se prononcent maintenant avec [a] antérieur. (Cependant, la génération âgée, les couches populaires à Paris et certains provinciaux prononcent encore les substantifs comme *bataille* et *Versailles* avec un [ɑ:], postérieur et long.)

18.3. A accentué dans les graphies OI et OUA.

Actuellement, seule la prononciation [wa] subsiste en français standard, avec les distributions suivantes :

STRUCTURE SYLLABIQUE	GRAPHIE	TIMBRE A antérieur seulement [a]
Syllabe ouverte	**oi, oix, oit, oie** **ou + a**	*quoi* [kwa], *noix* [nwa], *voit* [vwa], *voie* [vwa] *noua* [nwa], *joua* [ʒwa]
Syllabe fermée	**oi, oî** **ou + a**	*coiffe* [kwaf], *poivre* [pwa:vʁ], *croître* [kʁw:atʁ] *gouache* [gwaʃ], *rouage* [ʁwa:ʒ]

18.4. Exercice de transcription.

1. *L'avocat est las d'être là.*
2. *Anne aime les promenades à dos d'âne.*
3. *Tu vas au bal à Bâle, ce soir?*
4. *Sa femme, c'est la jeune dame si bavarde.*
5. *Je le vois parfois au théâtre à Versailles.*

1. ....
2. ....
3. ....
4. ....
....
5. ....
....

18.5. Problèmes.

1. Le A accentué est presque toujours [a] antérieur. Cependant il y a une graphie pour laquelle A est toujours postérieur. Laquelle. Donnez des exemples.

Notez que le [ɑ] postérieur n'apparaît guère que dans les mots d'une syllabe.

Même dans ce cas, on entend de plus en plus A antérieur mais il subsiste alors un allongement très net de la voyelle, aussi bien en syllabe ouverte qu'en syllabe fermée. On peut entendre ainsi :
pas [pa:], phrases [fra:z], théâtre [tea:tr], etc.
La suppression de l'allongement dans ce cas donnerait l'impression d'un parler efféminé ou maniéré.

2. Il y a certaines terminaisons avec lesquelles le [ɑ] postérieur n'apparaît jamais. Lesquelles? (18.1.3°).

3. Il y a une terminaison avec laquelle on a seulement un [ɑ] postérieur. Laquelle (18.1.4°)? Donnez d'autres exemples. Les cas 18.1.2° et 18.1.3° font apparaître [a] et [ɑ] en distribution complémentaire. (Ils se complètent). Au contraire, dans les cas 18.1.5° et 19.1.6° /a/ et /ɑ/ peuvent s'opposer dans un certain nombre de terminaisons. Quels sont les mots de même structure phonétique, qui s'opposent ainsi dans le tableau 18.1? Y en a-t-il beaucoup en français? Le timbre est-il seul en cause?

4. Dans ces conditions est-il étonnant que la différence de timbre entre les deux A tende à s'atténuer en français? Et qu'on ait remplacé dans la langue parlée l'opposition *tache – tâche* par *tache – travail?*

18.6. Phonémique.

L'opposition /a/ – /ɑ/, accentués, ne sert plus à distinguer qu'un petit nombre de mots du lexique, dans le cas, artificiel, de formes isolées.

L'opposition se neutralise au profit de [a] *antérieur. On peut donc toujours, dans le cas d'une hésitation, prononcer un a antérieur.*

19.1. Voyelles A inaccentuées, (non finale). Mots simples, (non dérivés).

Presque tous les A inaccentués sont antérieurs. La différence entre ces deux A tend à disparaître plus encore en position inaccentuée qu'en position accentuée. Lorsqu'il existe, le [ɑ] inaccentué est généralement représenté par la graphie â.

GRAPHIE	TIMBRE A antérieur [a]	GRAPHIE	TIMBRE A postérieur [ɑ]
a	aller, attacher... [ale] [ataʃe] matin, battons [matɛ] [batõ]	â	château, gâteau... [ʃato] [gɑto] mâtin, bâtons [mɑtɛ] [bɑtõ]

19.2. Voyelle A inaccentuée. Mots dérivés.

Dans la plupart des dérivés, A accentué, devenu inaccentué, garde son timbre et sa graphie d'origine :

A ANTÉRIEUR RESTE ANTÉRIEUR				A POSTÉRIEUR RESTE POSTÉRIEUR			
lace [las]	> lacer [lase]	chasse [ʃas]	> chasseur [ʃasœ:r]	lasse [lɑ:s]	> lasser [lɑse]	pâte [pɑ:t]	> pâteux [pɑtø]
rage [ra:ʒ]	> rageur [raʒœ:r]	soir [swa:r]	> soirée [sware]	rase [rɑ:z]	> raser [rɑze]	âge [ɑ:ʒ]	> âgé [ɑʒe]

Dans les dérivés des adjectifs en -ENT, ou -ANT les adverbes correspondants ont un [a] antérieur :

élégant [elegɑ̃] > élégamment [elegamɑ̃]
ardent [ardɑ̃] > ardemment [ardamɑ̃]

Les terminaisons -ATION, – ASSION peuvent se prononcer [asjõ] ou [ɑsjõ].
Notez la prononciation de solennel [sɔlanɛl] rouennerie [rwanri], moelleux [mwalø], moellon [mwalõ].

19.3. Exercice de transcription.

1. Tu as assez attendu avec tes parents.   1. ....
2. Il s'est lassé à lacer ses souliers.   2. ....
3. Annie est assez âgée, paraît-il.   3. ....

4. *Si tu passais voir le château?* 4. ....
5. *Je vais me raser avant d'aller au* 5. ....
théâtre.

19.4. Problèmes.

1. A inaccentué est presque toujours [a] antérieur. Lorsqu'il est postérieur quelle est sa graphie la plus courante? (19.1 et 19.2).

2. Y a-t-il des cas où /a/ et /ɑ/ inaccentués servent à distinguer des mots de même structure phonétique? (19.1 et 19.2). Y en a-t-il beaucoup?

3. Est-il étonnant dans ce cas que la distinction entre les deux *A* tendent à disparaître ici aussi? (voir 18.5). Pourquoi?

19.5. Phonémique.

L'opposition /a/ – /ɑ/ inaccentués ne sert plus à distinguer qu'un petit nombre de mots du lexique, dans le cas, artificiel, de formes isolées.

L'opposition se neutralise au profit de [a] antérieur. *Ici encore, il faut donc toujours, dans le cas d'une hésitation, prononcer un* [a] *antérieur.*

19.6. Fréquence d'emploi du A accentué et inaccentué.

Timbre	A antérieur	A postérieur
Langue écrite :	5,30	0,63
Langue orale :	8,1	0,2

20.1. Voyelles E inaccentuées et E caduc.

E caduc, encore appelé *E muet* ou *E instable*, *est toujours représenté par la même graphie :* E sans accent orthographique : *le, demain, presque...* La réciproque n'est pas vraie : E sans accent orthographique peut représenter [e], [ɛ] (dont la prononciation a déjà été examinée), ou [ə] caduc.

1° *E caduc final.*

L'E caduc est rarement prononcé en finale (voir 22.1). Sa présence graphique a presque toujours pour but d'indiquer la prononciation de la consonne finale : *robe aime, sorte, peine...*

2° *Distribution de* [e], [ɛ] *et* [ə] *représentés par E sans accent orthographique.*

STRUCTURE SYLLABIQUE	GRAPHIE	TIMBRE	EXEMPLE
Syllabe fermée	**e**	E ouvert [ɛ] (Voir 13.1)	*mer/ci per/du nette/té* [mɛrsi] [pɛrdy] [nɛtte]
Syllabe ouverte	**e**	*Presque toujours* E caduc [ə] prononcé ou non (Voir 22.)	*je, me, te, se, le, de* [ʒə] [mə] [tə] [sə] [lə] [də] *demain, revu, fenêtre* [dəmɛ̃] [rəvy] [fənɛtr]
	e+ consonne double ou **sc**	E fermé [e] ou E ouvert [ɛ] (Voir 14.1)	*essence, effet, terreur* [esɑ̃:s] [efɛ] [tɛrœ:r] *terrible...* [teribl]
	Préfixes **re-, de-** même suivi de **ss**	E caduc	*ressembler, ressentir* [rəsɑ̃ble] [rəsɑ̃ti:r] *dessus, dessous, ressemeler* [dəsy] [dəsu] [rəsəmle]

20.2. Exercice de transcription.

1. *Je vous permets de rester pour deman-der.*
2. *Qu'est-ce que Paul demande?*
3. *Pouvez-vous me ressemeler ces chaus-sures?*
4. *En effet, il reste peu d'essence.*
5. *Mettez-le par-dessus ou par-dessous.*

1. ....
....
2. ....
3. ....
....
4. ....
5. ....

20.3. Problèmes.

1. Si on peut confondre E fermé et E ouvert inaccentués, dans des mots comme *essence* [esɑ̃:s] ou [ɛsɑ̃:s], *effet* [efɛ] ou [ɛfɛ], etc. (voir 13.10), il ne peut jamais y avoir de confusion entre un *E caduc* d'une part, et un *E fermé* ou *ouvert* d'autre part.

Transcrivez les mots suivants :

je sais, j'essaie, monsieur, messieurs, ce garçon, ces garçons, donne-le, donne-les.

2. Dites, pour chacun des mots ci-dessus, quels sont pour le *E*, les prononciations impossibles. Transcrivez : *ressemeler, ressembler, effet, perdu, leçon, secret, refaire.*

3. Trouvez d'autres exemples d'oppositions telles que :
   ce garçon, ces garçons...

20.4. Phonémique.

Il est essentiel de distinguer parmi les *E* sans accents orthographiques ceux qui représentent une voyelle labiale (E caduc) et ceux qui représentent une voyelle non-labiale (E ouvert ou E fermé). L'opposition /ə/ – /e/ sert à distinguer ainsi *le singulier du pluriel* :

   le garçon | les garçons
   ce garçon | ces garçons
   prends-le | prends-les

le présent du passé composé :

   je dis | j'ai dit
   je fais | j'ai fait
   il se dit | il s'est dit

et de nombreuses formes lexicales comme :

   demain | des mains
   dessous | des sous...

E CADUC [ə]

ou

E « INSTABLE » OU E « MUET »

21.1. Conditions générales.

A. *Dans quel cas a-t-on un E caduc ?*
Voir le tableau de la page 67, *E sans accent orthographique.*
B. *Dans quel cas peut-on supprimer un E caduc, dans quel cas faut-il le prononcer ?*

Les règles suivantes concernent essentiellement la *prononciation de la conversation courante.* D'autres styles admettent d'autres possibilités.
Il faut d'abord déterminer la position de l'E caduc dans le groupe rythmique. (Voir page 17, définition du groupe rythmique). L'E caduc peut se trouver :

1º Au début d'un groupe rythmique. C'est la première voyelle du groupe :
   Reviens. Que veux-tu ? Demain, ne reste pas.
2º A la fin d'un groupe rythmique :
   Il vous aime. | Il reste. | Ils disent | qu'elle est forte |
3º A l'intérieur d'un groupe rythmique. (Il peut être final de mot sans être final de groupe) :
   Il ne reste pas. Tu le demandes. Il est petit. Tu arrives tard.

21.2. Maintien du E caduc initial.

1º FACULTATIF	2º OBLIGATOIRE	3º INTERDIT
je vois ⎰ [ʒəvwa] ⎱ [ʒvwa] *Ne dis rien* ⎰ [nədirjɛ̃] ⎱ [ndirjɛ̃] *Refuse* ⎰ [rəfy:z] ⎱ [rfy:z] *Debout!* ⎰ [dəbu] ⎱ [dbu]	— Précédé de 2 consonnes pro-noncées : *Prenez ça* [prənesa] — Dans le pronom interroga-tif : *que* *Que voulez-vous?* [kəvulevu] — Dans le mot : *dehors* [dəɔ:r]	Jamais

E caduc initial PEUT donc être toujours prononcé.

21.3. Remarques.

1º Dans le cas 21.2.1º, on supprime l'E caduc dans le style de la conversation courante. Mais *on tend à le garder* dans deux cas :

a) Pour faciliter l'articulation après [p], [t], [k], [b], [d], [g] :

> *Debout*:   *Te parle-t-il*
> [debu] plutôt que [dbu]   [tə parlətil] plutôt que [tp...]

on évite ainsi des *groupes de consonnes inconnus* autrement, en position initiale, en français.

b) Pour faciliter la compréhension, lorsque la chute de l'*E caduc* risque d'entraîner une *consonne double* à l'initiale :

> *Je joue*   *Ce soir*
> [ʒəʒu] plutôt que [ʒʒu]   [səswa:r] plutôt que [sswa:r]

2º *Si l'on supprime l'E caduc de je* [ʒ], 2 cas sont possibles :

a) La consonne [ʒ] se trouve devant une consonne de même nature que lui (sonore. Voir 22.2) et cette consonne [ʒ], reste sonore :

> *Je vois* ~ *j(e) vois*   *je reste* ~ *j(e) reste*...
> [ʒəvwa]   [ʒvwa]   [ʒərɛst]   [ʒrɛst]

b) La consonne [ʒ] se trouve devant une consonne sourde [p, t, k, f, s, ʃ] et cette consonne devient elle-même sourde. C'est pratiquement le son /ʃ/, comme dans *chat* : (voir 22.4.1).

> *Je pars* >   *j(e) pars*   *je trouve* >   *j(e) trouve; j(e) crois, j(e) fais,*
> [ʒəpa:r]   [ʃpa:r]   [ʒətru:v]   [ʃtru:v]   [ʃkrwa]   [ʃfɛ]
> *j(e) sais, j(e) cherche*...
> [ʃsɛ]   [ʃʃɛrʃ]

21.4. E caduc, final de groupe.

1º FACULTATIF	2º OBLIGATOIRE	3º INTERDIT
Jamais	Dans les seuls mots : *le, ce, parce que,* accentués : *Prend-le* [prᾶlə] *Sur ce,* [syrsə] *Pourquoi? Parce que* [parskə]	Toujours : *Il l'aime* [illɛm] *Elle reste* [ɛlrɛst] *Elle est stricte* [strikt] *Elle est forte* [fɔrt]

En général, on ne prononce donc jamais l'E caduc final de groupe.

21.5. Remarque.

Lorsque *E caduc* final est précédé d'une consonne sourde prononcée, elle-même suivie de [r] ou de [l], le [r] et le [l] sont dits *chuchotés,* c'est-à-dire suivis d'une sorte de petit souffle. Ce chuchotement est noté par un petit rond à côté du r ou du l [ₒ]. On n'a pas tenu compte ici de ce phénomène peu important. Après les groupes *consonne + r* ou *consonne + l,* l'E muet final de mot a tendance à se réduire à une très petite voyelle.

> *Les quatre pattes, une livre de pêche, une table cirée*
> [le katrₒpat]   [yn livrₒdəpɛʃ]   [yntablₒsire]

Dans ce dernier cas, il arrive souvent, dans un parler *familier,* et avec des *expressions fréquemment utilisées,* que le r et le l disparaissent en même temps que l'E muet :

> [lekatpat], [yn livdəpɛʃ], [yntabsire]

21.6. E caduc, à l'intérieur d'un groupe rythmique.

1º FACULTATIF	2º OBLIGATOIRE		3º INTERDIT	
★ Dépend du style	Précédé de plus d'une consonne prononcée :		Précédé d'une seule consonne prononcée :	
	il me dit,	*justement*	*sam(e)di,*	*lent(e)ment*
	[il mə di]	[ʒystəmᾶ]	[samdi]	[lᾶtmᾶ]
	vinaigrerie,	*une petite*	*bouch(e)rie,*	*la p(e)tite*
	[vinɛgrəri]	[ynpətit]	[buʃri]	[la ptit]
	avec le boucher,	*sur le devant*	*chez l(e) boucher,*	*c'est d(e)vant*
	[avɛk lə buʃe]	[syrlədvᾶ]	[ʃelbuʃe]	[sɛdvᾶ]

21.7. Remarques.

E caduc devant une voyelle ou un h muet ne se prononce pas :

> *un arbre extraordinaire,*   *une table à thé,*   *un autre homme...*
> [œ̃narbrɛkstraɔrdinɛːr]   [yntablate]   [œ̃notrɔm]

E caduc devant H « aspiré » se prononce (voir H « aspiré », 44.1)

> *dans le haut,*   *une hache,*   *cette hache...*
> [dɑ̃ləo]   [ynəaʃ]   [sɛtəaʃ]

E caduc devant consonne + yod se prononce (voir yod, 3.1)

> *un atelier,*   *nous serions,*   *vous seriez,*   *chanterions,*   *Richelieu...*
> [œ̃natəlje]   [nusərjɔ̃]   [vusərje]   [ʃɑ̃tərjɔ̃]   [riʃəljø]

21.8. Exercice de transcription.

1. *Je reste. Tu ne restes pas jusqu'à demain?*   1. ....
2. *Voilà le pain. Prends-le et mange-le.*   2. ....
3. *Justement, je vais acheter de l'épicerie.*   3. ....
4. *Il passera cette semaine ou la semaine prochaine.*   4. ....
5. *Que dis-tu? Il dort dehors depuis une semaine?*   5. ....

21.9. Plusieurs E caducs successifs.

> 1º Au début d'un groupe rythmique, on prononce le plus souvent le premier [ə], on supprime le second :
>
> *Je l(e) sais;*   *Je r(e)viens;*   *Ne m(e) dis rien;*   *Te l(e) dit-il?*
> [ʒɔlsɛ]   [ʒərvjɛ]   [nəmdirjɛ]   [təlditil]

La plupart des groupes se prononcent de deux façons :

> *Je l(e) sais* ou *J(e) le sais;*   *Je r(e)viens* ou *J(e) reviens...*
> [ʒɔlse]   [ʒləsɛ]   [ʒərvjɛ]   [ʒrəvjɛ]

> 2º Certains groupes se prononcent toujours de la même façon. Ce sont des *groupes figés :*
>
> *Je n(e), de n(e), que d(e)*   *J(e) te, c(e) que*
> *que n(e)*   *parc(e)que*

3° A l'intérieur d'un groupe rythmique, les règles sont ici les mêmes que pour un seul *E muet* intérieur (22.4). La suppression de chaque [ə] est déterminée par le nombre de consonnes prononcées qui précèdent :

Tu m(e) le r(e)diras;   Il ne r(e)vient pas;   Vous n(e) le d(e)vin(e)rez jamais...
[tymlərdira]   [ilnərvjɛ̃pɑ]   [vunlədvinreʒamɛ]

21.10. Transcription phonétique.

1. *Je me demande ce que vous ferez demain.*
2. *Je ne le reconnais pas. Vous le reconnaissez ?*
3. *Que te faut-il de plus pour te plaire ?*
4. *C'est exactement ce que je ne te demande pas.*
5. *Je ne devine pas ce que vous aimeriez.*

1. ....
   ....
2. ....
3. ....
4. ....
   ....
5. ....

21.11 Problèmes

1. *La graphie E,* sans accent orthographique, après voyelle et en finale n'a plus de valeur phonétique en français standard. On prononce de la même manière : all*é*, all*ée*, André, Andr*ée*, noi*r*, noi*re*. Transcrivez ces mots en phonétique.

2. Quelle indication donne la même *graphie E* dans les mots suivants : grand*e*, mort*e*, part*e*, offert*e ?* Comparez avec : *grand, mort, part, offert.*

3. Beaucoup d'étrangers croient entendre un *E* caduc prononcé, après une consonne finale. En réalité, les consonnes finales ont une *détente* très nette qui donne l'impression d'un petit *E* caduc final. Cet *E* devient plus important chez les speakers professionnels L'*E* caduc est alors utilisé à la fois *emphatiquement* et aussi pour augmenter le *degré de compréhension* des auditeurs.

4. Un professeur qui veut être mieux compris de ses élèves prononcera-t-il plus d'*E* caducs ou moins ?

5. Il arrive aussi qu'un groupe de consonnes difficile à prononcer entraîne l'apparition d'un *E* caduc, qui, normalement, ne devrait pas se trouver là. On peut entendre ainsi :

   arc-boutant [arkəbutɑ̃];   *ours blanc* [ursəblɑ̃]

Par contre, malgré la règle (21.6.2°), l'*E* caduc est parfois supprimé parce que le groupe de consonnes résultant est soit facile articulatoirement, soit très habituel dans le système du français. D'où des suppressions, telles que :

   il sera, vous ne serez,   il fera,   vous ne ferez.
   [ilʃra]   [vunsre]   [ilfra]   [vunfre]

6. En poésie, l'*E* caduc ne se prononce pas devant voyelle ni en finale mais se prononce toujours devant consonne.

> *Je ne parlerai pas, je ne penserai rien.*   (Rimbaud)

Transcrivez les vers suivants :

> *Le vent se lève!... il faut tenter de vivre!*
> *L'air immense ouvre et referme mon livre,*
> *La vague en poudre ose jaillir des rocs!*
> *Envolez-vous, pages tout éblouies! (...)*
>   (Paul Valéry)

7. Transcrivez les mêmes phrases en style *parlé* normal.

21.12. Phonémique.

La présence ou l'absence de l'*E* muet a une valeur distinctive dans les cas suivants :

1° *dehors – dort*
/dəɔːr/ /dɔːr/

2° devant *H aspiré* (voir 44.1), dans quelques cas :

> *le hêtre – l'être; le haut – l'eau; le Hun – l'un.*

Ces cas sont très rares et l'on peut dire que, en général, il n'y a pas, en français standard, de mots qui puissent être distingués par la présence ou l'absence d'E caduc. Mais lorsqu'il est prononcé, l'*E* caduc peut s'opposer à *E* fermé ou *E* ouvert à des fins distinctives (voir 20.4).

21.13. Fréquence d'emploi du E caduc.

Langue écrite : 10,06 % Langue parlée : 4,9

21.14. Remarques.

Le maintien ou la chute du E caduc peuvent provenir de multiples facteurs. En dehors de considérations stylistiques, on prononce davantage d'E caducs : pour être mieux compris, (problème de perception); quand se présente un groupe de consonnes inhabituel, (problème de distribution). Des facteurs psychologiques peuvent aussi intervenir; ainsi, l'E caduc, précédé de plus d'une consonne prononcée, tombe plus facilement à la jointure de deux mots dissociables, comme dans *porte-manteau*, que dans un mot unique, comme *appartement*. Un autre facteur très curieux est celui du rythme. En particulier dans les mots composés, l'E caduc à la jointure (et précédé de plus d'une consonne prononcée), reste si le deuxième terme du mot composé n'a qu'une syllabe; s'il a plus d'une syllabe, l'E caduc tombe presque toujours. On prononce ainsi :

> *garde-meuble, garde-côte, garde-boue, porte-plume, porte-clé*... mais *gard(e)-malade, gard(e)-côtier, gard(e)-barrière, port(e)-monnaie, port(e)-cigarette, port(e)-crayon*, etc...

II
CONSONNES

DÉFINITIONS PRÉALABLES
nécessaires à l'étude des consonnes

22.1 Consonnes occlusives et consonnes fricatives. Mode articulatoire.

Les consonnes *occlusives* exigent une fermeture complète du passage de l'air, à un moment de leur émission; [p], [t], [k], [b], [d], [g], sont les occlusives orales du français. Toutes les autres consonnes du français laissent passer l'air pendant toute leur émission. Ce sont des *fricatives* ou des *nasales*. (Voir tableau 23.1.) Comparez par exemple *épais* [p] occlusif; *effet* [f], fricatif; *aimait* [m], *nasal*.

22.2. Consonnes sourdes et consonnes sonores.

Les consonnes *sourdes* sont émises sans vibration des cordes vocales. [p], [t], [k], [f], [s], [ʃ] sont les seules consonnes sourdes du français. Toutes les autres consonnes françaises sont *sonores*. Les cordes vocales vibrent pendant leur émission. (Voir tableau 23.1). Comparez, par exemple, *avait* [v], *sonore*, et a *fait* [f], *sourd*.

22.3. Consonnes fortes et consonnes douces.

Nature : Toutes les consonnes *sourdes* sont articulées plus fortement que les consonnes *sonores :* [p] est plus fort que [b]. Les occlusives sont plus fortes que les fricatives; [p] est plus fort que [f]

Position : Une consonne finale de *syllabe* est plus faible qu'une consonne *initiale*. Ainsi *b* est plus faible dans *ab* – que dans *ba*.

22.4. Assimilation.

Lorsque deux consonnes sont en contact la consonne faible (par nature ou par position) peut être influencée par une consonne forte (par nature ou par position). Dans ce cas les consonnes françaises ne changent pas de force mais perdent leur sonorité ou leur sourdité.

1° *Consonne « assourdie » ou « dévoisée ».*

Ainsi, dans des mots comme *absent, médecin, là-dessus*, une consonne sonore (c'est-à-dire faible par nature), ici [b], [d], [d], et en même temps finale de syllabe (c'est-à-dire faible par position), dans *ab-*, *méd-*, et *là-d-*, devient une consonne « *sourde* » appelée aussi « *dévoisée* ». On a alors les prononciations :

[absɑ̃], [medsɛ̃], [ladsy]. (L'assourdissement sera noté ici par un petit *v* renversé sous la consonne *dévoisée*.)

On a vu qu'à l'initiale, ce phénomène est très fréquent avec *Je* suivi d'une consonne sourde (voir 21.3.2º). A l'initiale le [ʒ] prononcé souvent avec un renforcement d'articulation n'est plus alors un [ʒ] sourd mais un véritable [ʃ].

2º *Consonne « sonorisée » ou « voisée ».*

Une consonne sourde peut se *sonoriser* (on dit aussi se *voiser*), au contact d'une consonne sonore pour des raisons analogues à celles indiquées ci-dessus. En voici quelques exemples :

Strasbourg; anecdote; svelte; on s(e) voit; on s(e) dit
[strasbu:r] [anɛkdɔt] [svɛlt] [ɔ̃svwa] [ɔ̃sdi]
(La *sonorité* sera notée, ici, par un petit *v* sous la consonne *voisée*.)

Ce phénomène est généralement moins perceptible que le précédent. (Dans une transcription phonétique courante, on peut négliger d'indiquer l'assourdissement et la sonorisation.) Pour plus de précision voir 22.9.3º

22.5. Points d'articulation.

Les consonnes peuvent également être différenciées par l'endroit où elles sont articulées : lèvres, langue et dents, langue et palais, etc... (Voir *Introduction à la phonétique corrective*.)

22.6. Consonnes brèves et consonnes longues.

Les occlusives sont toujours plus brèves que les constrictives. Les occlusives sont d'ailleurs souvent définies comme *momentanées* et les fricatives comme *continues*.

(Rappelons que certaines consonnes « allongent » la voyelle accentuée qui les précède (1.10.)Plus une consonne est forte, plus elle tend à abréger la voyelle qui la précède; ainsi le [a] de *sac* [sak], est-il plus bref que le [a] de *cave* [ka:v]).

Une consonne peut toujours être allongée pour donner de l'expressivité à un mot. Dans ce cas c'est généralement la première consonne prononcée du mot qui est allongée. C'est ce qu'on appelle l'*accent d'insistance* :

Magnifique! Merveilleux! Formidable!
[maɲifik] [mɛrvɛjø] [fɔrmidabl]

On peut noter cet allongement de la consonne par une barre horizontale au-dessus. (Pour la description des différentes sortes d'accent d'insistance voir *Introduction à la Phonétique corrective*, p. 68.)

22.7. Consonnes doubles (ou géminées) à valeur phonétique (non distinctive).

Il ne faut pas confondre consonne longue et consonne double (ou *géminée*). Une consonne longue est dite avec une seule tension articulatoire (une seule poussée d'énergie musculaire). Une consonne double demande deux tensions articulatoires successives (une reprise de l'effort articulatoire après l'émission de la première consonne). Comparez le [m̄] long de *magnifique* et le [mm] double de *tu me mens* [tymmã].

Du point de vue graphique, les consonnes doubles sont représentées par deux consonnes écrites, séparées ou non par un *E caduc*. Mais les graphies doubles ne représentent généralement qu'une consonne simple en français standard. (Voir tableau 23.1). Cependant certaines consonnes doubles sont de plus en plus prononcées à nouveau sous l'influence de la graphie, dans un style *affecté* ou *insistant*, dans les cas suivants :

LL : *illégal, illégitime, illettré, illustre*... (à cause du préfixe);
   alléger, allocation, belliqueux (à cause de la graphie);
MM : *immense, immédiat, imminent*...
NN : *inné, innover*...

22.8. Consonnes doubles à valeur phonémique (distinctive).

1º Dans les verbes dont l'imparfait est en *-rait*, l'opposition consonne simple – consonne double sert à distinguer les formes suivantes :

/r/	–	/rr/		/r/	–	/rr/
Imparfait	–	Conditionnel				
courait	–	*courrait*		*éclairait*	–	*éclair(e)rait*
mourait	–	*mourrait*		*espérait*	–	*espér(e)rait*

Passé simple – futur des verbes du type suivant :

  éclaira   –   *éclair(e)ra*   *espéra* – *espér(e)ra*

2º Dans un certain nombre d'autres formes, telles que :

Il a dit/iladi/ – *Il l'a dit*/illadi/; *Il vient danser*/ilvjɛ̃dãse/ – *Il vient de danser*/ilvjɛ̃ddãse/; *tu mens*/tymã/ – *Tu me mens*/tymmã/; *tu trouves bien*/tytru.vbjɛ̃/ – *tu te trouves bien*/tyttru. vbjɛ̃/; *la dent*/ladã/ – *là-dedans* /laddã/; *une oie*/ynwa/ – *une noix*/ynnwa/...

Bien que n'étant pas opposées à une consonne simple, certaines consonnes doubles sont importantes pour la compréhension, dans des formes telles que :

     netteté;   *vingt-trois;*   *trente-trois*...
     [nɛtte]   [vɛ̃ttrwa]   [trãttrwa]

22.9 Problèmes

1. Les couples de mots suivants commencent par une consonne qui a le même point d'articulation dans chaque cas. Dites comment elles sont différenciées par ailleurs :

pas – bas	ton – don	qui – Guy
tant – dent	tôt – dos	car – gare
cas – gars	faut – vaut	comme – gomme

2. Quels sont, parmi les mots suivants, ceux pour lesquels la consonne double a une valeur phonémique (distinctive) (22.7 et 22.8). Soulignez-les.

[illyzjõ] – [kurrɛ] – [immã:s] – [inne] – [eklɛrrɛ] – [laddã] – [allɔkɑsjõ] – [tymmã] – [ynnwa] – [illadi] – [illeʒitim] – [murrɛ].

3. A l'intérieur d'un mot ou d'un groupe de mots, c'est la *position* des consonnes en contact qui détermine essentiellement l'assimilation : La consonne initiale de syllabe, assimile la consonne finale de la syllabe précédente. D'après ce principe, noter les assimilations dans les mots suivants :

bague cassée, cave sombre, rose curieuse, tête de veau, cep de vigne, bec de gaz, Place des Vosges.

Au début ou à la fin d'une même syllabe, c'est la *nature* des consonnes en contact qui détermine essentiellement l'assimilation. Les seuls cas importants sont ceux où une consonne *sourde* assimile une *sonore.*

D'après ce principe, noter les assimilations dans les mots suivants :

cheval, chemin, pli, golf, pléonasme, réalisme.

Les seules exceptions aux règles ci-dessus sont les mots :

subsister [sybsiste], *svelte* [svɛlt], et les dérivés de *subsister.*

La terminaison *-isme* a tendance à passer à [ism] dans le Midi et dans certaines régions du Nord de la France.

Pour toutes ces questions de variantes et les tentatives d'explication, voir surtout les ouvrages de Carton, Martinet et de Malmberg, (bibl. nº 108 et 69 à 77).

PRONONCIATION DES CONSONNES

23.1. Tableau général. Distribution. Classement phonétique.

NATURE DE LA CONSONNE	TIMBRE	EXEMPLES DE GRAPHIES DES CONSONNES PRONONCÉES				FRÉQUENCE %	
		Initiale	Médiale	Finale + E caduc	Finale absolue	Écrite	Orale
Occlusives sourdes	[p]	pas	épine, appât	tape, nappe	cep	3.37	4.3
	[t]	tas	ôter, attend	tante, natte	net	5.36	4.5
	[k]	cas	écarte, accable	toque	sec, chic	3.81	4.5
Occlusives sonores	[b]	beau	obus, abbé	robe	snob	1.14	1.2
	[d]	dos	radis, addition	coude	sud	4.52	3.5
	[g]	gars	aigre, aggraver	bague	gang	0.52	0.3
Constrictives sourdes	[f]	faux	défait, affaiblir	carafe, griffe	chef, neuf	1.33	1.3
	[s]	seau	lacé, assez	lace, fasse	os	5.61	5.8
	[ʃ]	chat	achat	cache		0.49	0.5
Constrictives sonores	[v]	va	avez	neuve		1.99	2.4
	[z]	zèbre	oser, azur	rose	gaz	1.46	0.6
	[ʒ]	jamais	âgé	rouge		1.25	1.7
	[l]	la	calé, allé	cale, balle	bal, bol	6.43	6.8
	[r]	rat	marée, arrêt	mare, barre	bar, pour	7.40	6.9

NATURE DE LA CONSONNE	TIMBRE	EXEMPLES DE GRAPHIES DES CONSONNES PRONONCÉES				FRÉQUENCE %	
		Initiale	Médiale	Finale + E caduc	Finale absolue	Écrite	Orale
Nasales	[m]	*ma*	*amer, immense*	*aime, femme*	*idem*	3.17	3.4
	[n]	*nez*	*anis, année*	*cane, canne*	*an, en*	2.43	2.8
	[ɲ]	*gnôle*	*agneau*	*montagne*		0.12	0.1

23.2. Remarques.

1º *Du point de vue de la prononciation,* les consonnes françaises peuvent apparaître en toutes positions.

La consonne [h] n'existe pas dans la prononciation. Le *h* dit *aspiré* n'a pas d'autre rôle que d'empêcher la liaison. (Voir H aspiré 44.1.)

Les seuls groupes de consonnes fréquents à l'initiale sont : *consonne + r* et *consonne + l.*

2º *Du point de vue graphique.*

On ne peut jamais avoir de consonne double à l'initiale :

Les consonnes médiales peuvent être simples ou doubles, sauf : *CH, V, Z, GN,* qui sont toujours simples.

Il n'y a pas de consonne double en finale absolue. Les consonnes *P, T, F, S, L, R, M, N* sont seules susceptibles d'apparaître comme consonnes doubles à la finale, à condition d'être suivies d'un E caduc.

Les consonnes finales prononcées sont généralement indiquées dans la graphie par l'adjonction d'un *E* caduc final.

Les consonnes dont la prononciation finale est le plus souvent représentée par une graphie simple, non suivie d'E caduc, sont :

R (dans plus de la moitié des cas), *C, F, L* dans 98 % des cas et *M* (dans les quelques cas où il existe dans la prononciation finale).

Les tableaux suivants, 3º et 4º, résument les principales règles graphiques :

3º *Règles graphiques générales.*

Consonnes initiales	Consonnes intérieures	Consonnes finales
Les consonnes initiales se prononcent toujours, même dans les groupes comme :	*Les consonnes intérieures (ou suivies d'un -e final) se prononcent presque toujours :*	*Les consonnes finales ne se prononcent presque jamais* (sauf dans les cas de liaison) :
*pn*eumatique, *pn*eumonie [pnømatik] [pnømɔni]	re*sp*irer, a*pt*itude, â*n*e [rɛspire] [aptityd] [a:n]	pren*d*, troi*s*, tien*t* [prɑ̃] [trwa] [tjɛ̃]
*ps*ychologie, *sp*écial [psikɔlɔʒi] [spesjal]	ê*tr*e, pa*g*e, po*st*e [ɛtr] [pa:ʒ] [pɔst]	tien*s*, a*n*, exame*n* [tjɛ̃] [ɑ̃] [ɛgzamɛ̃]

4º *Cas spéciaux.*

PH … [f] *philosophe* [filɔzɔf] *TH* … [t] *th*éâtre [teɑ:tr] (pour *CH :* voir 28.4)	*Les consonnes doubles se prononcent comme une consonne simple :* a*ll*er, bo*nn*e, fe*mm*e, ho*mm*e [ale] [bɔn] [fam] [ɔm] (Voir Consonnes doubles 22.7 et 22.8)	*Les consonnes finales C.F.L.R. se prononcent presque toujours :* se*c*, chi*c*, bre*f*, neu*f* [sɛk] [ʃik] [brɛf] [noef] bo*l*, so*l*, ca*r*, sû*r* [bɔl] [sɔl] [ka:r] [sy:r]

23.3 Exercice de transcription phonétique.

1. *J'ai suivi un cours spécial en psychologie du théâtre et en théologie.*

1. ....

....

2. *Sa voiture a un pneu à plat.*

2. ....

3. *Il espère avoir une bonne note en philosophie.*

3. ....

....

4. *Il prend trois grands pains blancs.*

4. ....

5. *Je suis sûr que votre sac de bal neuf est chic, Claudine.*

5. ....

....

Dans les tableaux suivants, les astérisques renvoient aux *Remarques* pour les cas particuliers. Les lettres capitales sont employées pour les graphies, les minuscules pour les symboles phonétiques. Lorsqu'un son n'existe pas ou que sa fréquence d'emploi est très peu élevée, exceptionnelle, la case où il devrait apparaître est en grisé.

En ce qui concerne les groupes consonantiques, on n'a pas tenu compte de tous les groupes dits « secondaires », qui apparaissent à la suite de la chute d'un *E muet*, par exemple : [tp] dans *Il va t(e) pousser.* Les groupes notés dans les tableaux existent toujours dans la prononciation; ils sont dits « primaires ».

24.1. Consonne [p] : Graphies P, PP, PE.

La consonne [p] est toujours représentée par les graphies *P*, *PP*, ou *PE*. Elle apparaît avec la distribution phonétique et graphique suivante :

GRAPHIE	TIMBRE	EXEMPLES DE DISTRIBUTION			
		Initiale	Médiale	Finale + E	Finale absolue
P PP	[p]	*père*	*épais*	*cape*	★ *Non prononcée* drap [dra]
			apporte	*happe*	
PL PPL	[pl]	*pli*	*aplatir*	*souple*	
			applaudir		
PR PPR	[pr]	*prix*	*après*	*âpre*	
			appris		
PN	[pn]	*pneu* [pnø]	*hypnose*		
PS	[ps]	*psychologie*	*capsule*	*ellipse*	★★ *Non prononcée* corps [kɔ:r]
PT	[pt]	*Ptolémée*	*aptitude*	*apte*	*concept* [kõsɛpt]

24.2. Remarques concernant la graphie P.

★ P final, n'est jamais prononcé : *drap* [dra], *champ* [ʃã], prompt [prõ], temps [tã] *sauf* dans quelques monosyllabes : *cap* [kap], *cep* [sɛp], croup [krup], hep ! [ɛp] et dans des mots étrangers : *stop* [stɔp], *handicap* [ãdikap].

P médial, n'est pas prononcé dans quelques mots : *septième* [sɛtjɛm], *sculpter* [skylte], *baptiser* [batize], *compter* [kõte], *promptement* [prõtmã] et leurs dérivés.

★★ PS finals sont prononcés dans quelques mots d'origine latine : *biceps* [bisɛps], *forceps* [fɔrsɛps], *laps* [laps] (voir aussi *S* final).

Le groupe *PH* n'a pas été noté ici. Il représente le son [f] (voir 30.1).

Notez qu'on dit : *sept* [sɛt], *septième* [sɛtjɛm], mais *septembre* [sɛptã:br].

24.3. Exercice de transcription.

1. *Les draps sèchent dans les champs.*
2. *Le temps a été plus beau au printemps.*
3. *Il n'aime pas beaucoup la psychologie.*
4. *Il y en a sept et vous êtes le septième.*
5. *Comptez les sculptures du transept.*

1. ....
2. ....
3. ....
4. ....
5. ....

25.1. Consonne [b] : Graphies B, BB, BE.

La consonne [b] est toujours représentée graphiquement par *B, BB* ou *BE*. Elle apparaît avec la distribution graphique et phonétique suivante :

GRAPHIE	TIMBRE	EXEMPLES DE DISTRIBUTION			
		Initiale	Médiale	Finale + E	Finale absolue
B **BB** **BH**	[b]	*bateau*	*abattre*	*robe*	* *Non prononcée* *plomb* [plõ]
			abbé		
			abhorrer [abɔre]		
BL	[bl]	*blanc*	*ablette*	*capable*	
BR	[br]	*brave*	*abrasif*	*fibre*	
BN	[bn]		*abnégation*		
BS **BC + E**	*[bs ^]		*observer* [ɔbsɛrve] ^ *abcès* [absɛ] ^		
BT	[bt] ^		*obtenir* [ɔbtəni:r] ^		

25.2. Remarques concernant la graphie B.

B médial ne se prononce pas dans quelques noms propres comme *Lefebvre* [ləfɛːvr].

* B final se prononce dans : *snob* [snɔb], *club* [klœb], *Jacob* [ʒakɔb] et dans les noms étrangers en général.

Les groupes *BT, BS, BC*, à l'intérieur des mots ont un [b̬] sourd (voir 22.4). La consonne a perdu sa sonorité mais elle a gardé la douceur articulatoire du [b̬].

25.3. Exercice de transcription.

1. *Pierre aime la bière et en boit beaucoup.*   1. ....
2. *J'ai peur que le beurre ne soit pas en*   2. ....
   bas.   ....
3. *On a apporté un pneu pendant votre*   3. ....
   absence.
4. *J'observe que vous avez un abcès.*   4. ....
5. *Brigitte , la psychologue, a une robe*   5. ....
   sale.   ....

25.4. Problèmes.

1. La distribution des consonnes *P* et *B* a-t-elle des ressemblances? (Voir 24.1 et 25.1.)

2. Quelles sont les graphies habituelles de [p] et [b] en finale prononcée? Celles de [pl] et [bl]?

3. Peut-on avoir une consonne double en initiale?

4. Quels sont les 2 groupes de consonnes les plus fréquents en initiale avec [p] et [b]?

5. Quels sont les groupes des tableaux 24.1 et 25.1 qui n'apparaissent jamais que dans une seule position?

6. Les groupes *BS* et *BT* sont souvent notés [ps] et [pt] au lieu de [b̬s] et [b̬t]. Cette variation est acceptable à l'intérieur des mots mais jamais d'un mot à un autre.

Comparez :   *observer*   mais : *une robe sérieuse*
                  [ɔbsɛrve] ou [ɔpsɛrve]   [rɔb serjøːz] qui est la seule pronon-
                                                 ciation possible; [ynrɔpserjøːz] ne serait
                                                 pas français).

7. Trouvez des couples de mots qui se différencient par la seule opposition /p/-/b/.

25.5. Phonémique.

L'opposition /p/-/b/ sert à distinguer un grand nombre de mots du lexique en français, tels que : *pas/bas, pont/bon, happé/abbé, pleut/bleu.*

26.1. Consonne [t] : Graphies T, TT, TE.

La consonne [t] est toujours représentée graphiquement par *T, TT, TE* ou parfois *TH*. Elle apparaît avec la distribution graphique et phonétique suivante :

GRAPHIE	TIMBRE	EXEMPLES DE DISTRIBUTION			
		Initiale	Médiale	Finale + E	Finale absolue
T TT TH	[t]	*table*	*été*	*rate*	** *Non prononcée* *chat* [ʃa]
			attend	*patte*	
		théâtre	* *athée* [ate]	*Mythe* [mit]	*luth* [lyt]
TCH	[t]	*Tchèque* [tʃɛk]	*atchoum*		*catch*
TL THL	[tl]		*Atlas* *Athlète* [atlɛt]		
TR TTR	[tr]	*triste*	*étroit*	*être*	
			attraper	*lettre*	
-T et -D de liaison (Voir 43.1)	[t]				*sept ans* [sɛtɑ̃] *grand homme* [gratɔm] *quand il* [kɑ̃til]

26.2. Remarques concernant la graphie T.

* *TH* ne se prononce pas dans *asthme* [asm] et *isthme* [ism].

** *T* final n'est généralement pas prononcé, sauf dans les mots courants suivants (monosyllabiques) : *est* [ɛst] *ouest* [wɛst], *sept* [sɛt], *huit* [ɥit], *net* [nɛt], *brut* [bryt], *chut* [ʃyt], *dot* [dɔt], *zut* [zyt], *Brest* [brɛst], *Proust* [prust].

On peut le prononcer ou non dans : *but, soit, août*, un *fait*.

On le prononce dans un grand nombre de mots savants, tels que *aconit, accessit*...

On ne le prononce pas dans *aspect* [aspɛ] et *respect* [rɛspɛ].

T n'est pas prononcé dans les composés comme *Montmartre* [mɔ̃martr], *Montréal* [mɔ̃real].

26.3. Graphie TI.

Si la représentation graphique des sons [ti] et [tj] n'offre pas de difficulté (ils sont toujours représentés par *TI*), par contre l'interprétation de la graphie *TI* est difficile car /T/ peut représenter /t/ ou /s/.

La graphie **T** représente dans TI le son /t/ le plus souvent; en position inter-vocalique comme dans : *antique, outil, rôti, futile...*

On prononce également /t/ dans les terminaisons suivantes : *-TIER, -TIÉ, TIÈME, TIAS*, comme dans : *métier*, [metje], *amitié* [amitje], *huitième* [ɥitjɛm], *galimatias* [galimatja]...

On a également toujours /t/ dans le groupe /st/ : *question* [kɛstjõ], *bastion* [bastjõ]...; ainsi que dans les mots : *Étienne, chrétien, châtier*, qui s'écrivaient autrefois : *Estienne, chrestien...*

Dans les dérivés des verbes comme *tenir* et *prêter*, /t/ subsiste dans toutes les formes, comme *maintient* [mɛ̃tjɛ̃], *prêtions* [prɛtjõ]...

(Voir 32.7, le tableau comparatif de l'opposition /t/ – /s/ dans la graphie *TI*).

26.4. Exercice de transcription.

1. *Ton thé t'a-t-il tout ôté ta toux?* 1. ....
2. *Il t'attend pour prendre les billets de théâtre.* 2. ....
   ....
3. *Vous étudiez les théories de l'esthé-tique?* 3. ....
   ....
4. *C'est net, il y en a sept ou huit de l'est à l'ouest.* 4. ....
   ....
5. *Etienne en est à son septième ou hui-tième métier.* 5. ....
   ....

27.1. Consonne [d] : Graphies D, DD, DE.

La consonne [d] est presque toujours représentée par la graphie **D** ou **DD** ou parfois par **DH**. Elle apparaît avec la distribution suivante :

GRAPHIE	TIMBRE	EXEMPLES DE DISTRIBUTION			
		Initiale	Médiale	Finale + ᴇ	Finale absolue
D **DD** **DH**	[d]	*dit*	*aider*	*aide*	★ *Non prononcée* *nœud* [nø], *nord* [nɔ:r]
			addition		
			adhérent		
DM	[dm]		*admirer*		
DR	[dr]	*droit*	*adroit*	*cadre*	

— 85 —

27.2. Remarques concernant la graphie D.

* *D* final est prononcé dans les monosyllabes : *sud* [syd], George *Sand* et dans quelques mots d'origine étrangère *Alfred, David, Le Cid, Madrid, Bagdad...*

D ne se prononce pas non plus dans les composés : *grand-rue, grand-père* [grãpɛ:r]. *grand-tante...*, (mais *grand-oncle* [grãtõ:kl]).

27.3. Exercice de transcription.

1. *Donnez-moi l'addition, Alfred.*	1. ....
2. *Admirez la vue au nord et au sud.*	2. ....
3. *David étudie « le Cid » et Mithridate.*	3. ....
4. *Vous admirez Alfred de Musset et Stendhal?*	4. ....
	....
5. *Il a réussi en cédant pendant sept ans.*	5. ....

27.4. Problèmes.

1. Quelles sont les graphies habituelles de [t] et [d] prononcés en finale?

2. Lorsque la graphie *T* et *D*, en finale absolue, est prononcée dans un mot français, combien ce mot a-t-il de syllabes en général (26.2 et 27.2)?

3. Quel est le seul groupe consonantique fréquent à l'initiale, avec [t] et [d]?

4. Quelles sont les graphies pour [tr] et [dr] en finale?

5. Quelles sont les différentes prononciations possibles pour des mots tels que : *portions* et *inventions?* Quels cas représentent chacune de ces prononciations?

6. Notez qu'en français le T et le D de liaison se prononcent /t/ et que ce /t/ s'oppose à /d/ dans des cas comme : *grand enfant*/grãtãfã/ – *grande enfant*/grãdãfã/. Trouvez d'autres exemples analogues.

7. Trouvez des mots qui se différencient par la seule opposition /t/ – /d/; tels que *ton/dont.*

27.5. Phonémique.

L'opposition /t/ – /d/ sert à distinguer un grand nombre de mots du lexique *tout/ doux; été / aidé; coûte / coude...*

28.1. Consonne [k], devant voyelle : Graphie C.

1º *Devant les sons* [a], [ã], [o], [œ], [u], [õ], [wɛ̃], [wa], [y], *le son* [k] *s'écrit presque toujours C;* les voyelles qui suivent [k] commencent toujours par la graphie *A, O* ou *U.*

La distribution est la suivante :

GRAPHIES	TIMBRES	EXEMPLES DE DISTRIBUTION	
		Initiale	Médiale
A	[a]	*car*	*écart, mica*
An, Am	[ã]	*cantine, camp*	*décanter*
O	[ɔ], [o]	*comédie, côte*	*encore, écho*
Oe	[œ]	*cœur*	*écœure*
C + Ou	[k] + [u]	*cour*	*écourte, secoue*
On, Om	[õ]	*conter, compter*	*raconter, Bécon*
Oin	[wɛ̃]	*coin*	*décoincer*
Oi	[wa]	*coiffe*	*décoiffe*
U	[y]	*cuve*	*écume, écu*

2º *Devant les sons* [a], [o], [u], [y], *le son* [k], en position médiale, *s'écrit CC* dans un certain nombre de mots; [k] est alors toujours *précédé* de [a] ou [ɔ] :

> *accable* [akabl], *accalmie, accaparer, accolade, accommoder, accompagner, accomplir, accorder, occasion, occuper...*

3º *Devant* [œj] *le son* [k] *s'écrit CU*, au lieu de *C* pour éviter la prononciation [s] devant E et I. Le résultat aboutit à une inversion de la graphie EU en UE, qui se prononce toujours [œ].

C +	**UEil**	*accueil, recueil, cercueil* [sɛrkœj]...
	UEill	*accueille, recueille, cueille, cueillir* [kœji:r]

Notez que devant le son [õ], dans le mot *second* et ses dérivés, la graphie *C*, représente [g] et non [k] (voir 29.2).

28.2. Consonne [k], devant voyelle ou en finale : Graphie QU.

Cette graphie apparaît dans un tout petit nombre de mots, surtout grammaticaux, mais d'un emploi très fréquent. Ce sont :

qui,   que,   qu' (+ mot commençant par voyelle), *quel,   quelle,   quand,   quant à,*
[ki]   [kə]   [k]   [kɛl]   [kɛl]   [kã]   [kãta]

quelque,   quelqu'un,   quelquefois,   quiconque,   quoi,   quoique,   chaque.
[kɛlkə]   [kɛlkœ̃]   [kɛlkəfwa]   [kikõ:k]   [kwa]   [kwakə]   [ʃak]

Les principaux mots du lexique (et leurs dérivés) avec cette graphie *QU* pour le son [k] sont :
> *qualité, quarante, quart, quartier, quatrain, quémander, question, quête, queue, quintal,*
> *quinze, quitter, quotient, quotidien, quiétude.*
> *équilibre, équinoxe, équipage, équivoque, équivalent, équitation.*

28.3. Remarques.

Dans un petit nombre de mots savants, on a les prononciations :
> [kwa] dans : *aquarium, aquatique, quadragénaire, quadrupède, quadrille, quartz, quatuor,*
> [kwatɥɔ :r], *adéquat, équateur, équation, square, sine qua non* [sinekwanɔn]
> On prononce également : *quadrille* [kadrij] et *quadragénaire* [kadraʒenɛ:ʀ]
> [kɥi] dans : *quiétisme,* [kɥijetism], *ubiquité, équilatéral, équidistant.*

28.4. Consonne [k], devant voyelle, avec la graphie CH.

La graphie *CH* représente d'habitude le son [ʃ] comme dans *chat* [ʃa], (voir 34.1) *échaudé* [eʃode], *douche* [duʃ]...

Mais dans un certain nombre de mots savants ou étrangers [k] est représenté par la graphie *CH*. Les principaux sont :

> *chaos* [kao], *chianti, chiromancie, choléra, chœur* [kœ:r]
> *archaïque* [arkaik], *archaïsme, archange, archéologie, écho* [eko], *eucharistie,*
> *lichen, orchestre* [ɔrkɛstr]*, orchidée, psychanalyse, psychiatre, psychologie*
> [psikɔlɔʒi]*, Achéron, Machiavel, Michel-Ange Nabuchodonosor...*

Notez les prononciations : *psychique* [psiʃik] et *psychologique* [psikɔlɔʒik]; *bronchite* [brõʃit] et *broncho-pneumonie* [brõkopnømɔni].

28.5. Consonne [k] en finale : Graphie C.

1º [k] *final est presque toujours représenté par la graphie C.*

> *sec,   chic,   lac,   roc,   bouc,   Marc,   Maroc...*
> [sɛk]   [ʃik]   [lak]   [rɔk]   [buk]   [mark]   [marɔk]

2º [k] final est orthographié *CH* dans *varech* et dans quelques mots étrangers, comme *Zurich, Bloch, Moch...*

3º *Du point de vue graphique,* il faut noter que *C* final ne se prononce pas dans les mots suivants :

> *croc,   accroc,   escroc,   cric,   caoutchouc,   tabac,   estomac,   clerc,   marc*
> [kro]   [akro]   [ɛskro]   [kri]   [kautʃu]   [taba]   [ɛstɔma]   [klɛ:r]   [ma:r]

et dans tous les mots où -*C* est précédé d'une *voyelle nasale* :

> *banc, blanc, franc, tronc...* Le C de *donc* se prononce, en principe, seulement
> [bã] [blã] [frã] [trõ]
> lorsque *donc* signifie *par conséquent :* Je pense, *donc* [dõ:k] je suis; autrement
> on dira, par exemple : Dis *donc* [didõ].

28.6. Consonne [k], avec les graphies K, CK, CCH, CQ, Q.

La même prononciation [k] équivaut toujours aux mêmes graphies; dans un petit nombre de mots, pour la plupart étrangers ou savants :

GRAPHIE	TIMBRE	EXEMPLES DE DISTRIBUTION			
		Initiale	Médiale	Finale + E	Finale absolue
K		*kilo, kiosque*	*kaki, ski*	*coke* [kɔk]	*break* [brɛk]
CK	[K]		*ticket*		*bifteck, stock*
CCH			*saccharine*		
CQ			*acquérir*	*grecque*	*Lacq* (nom de lieu)
Q					*cinq, coq*

Pour la prononciation de *cinq*, voir 46.1.

28.7. Exercice de transcription phonétique.

1. *Le car est encore au coin de la cour.*   1. ....
2. *Camille vous accable et vous accuse.*   2. ....
3. *Voilà un recueil de quatre cents recettes de cuisine, pour cinq francs.*   3. ....
   3. ....
4. *Qui? Quoi! Comment? Quelle question!*   4. ....
   ....
5. *Il vend cinquante kilos de bifteck chaque jour.*   5. ....
   ....

28.8. Consonne [k] dans les groupes consonantiques.

1º Dans presque tous les groupes consonantiques [k] est représenté par la graphie *C*.

CL	[kl]	clair	éclair	obstacle	
CN	[kn]		*acnée*		
CR	[kr]	craie	écrème	âcre	
CT	[kt]		acteur	acte, exacte	* tact, strict

* *CT* n'est pas prononcé dans *aspect*, *respect* et parfois au masculin dans *exact* et *distinct*.

2º Dans les groupes [kl] et [kr], en position médiale uniquement, on a la graphie *CCL* et *CCR*, dans les mots :

Acclamer, acclimater, occlusive, ecclésiastique, accréditer, accroc, accroître, accroupi, et leurs dérivés.

3º [k] est représenté par la graphie *CH* dans les groupes : [kl], [kn] et [kr], dans quelques mots d'origine grecque :

chlore [klɔːr], *technique* [tɛknik], *Christ* [krist], *chronomètre, orchestre, chrome, chronique...*

28.9. Consonne [k] dans le groupe [ks] : Graphies X, XC, ou CC.

1º La graphie la plus fréquente, dans ce cas, est *X*. Mais *X* peut aussi représenter les sons [gz] (voir 29.5).

GRAPHIE	EXEMPLES DE DISTRIBUTION			
	Initiale	Médiale	Finale + ᴇ	Finale absolue
X	*xylophone* [ksilɔfɔn] *Xénophon* [ksenɔfõ]	*taxi,* [taksi] *boxeur* [bɔksœːr] * *ex-avocat, sexualité* [ɛksavɔka] [sɛksɥalite]	*vexe* [vɛks] *sexe* [sɛks]	Graphie non prononcée ** : *paix, prix...* [pɛ] [pri] (voir 28.10)
XC		*excès, excessif* [ɛksɛ] [ɛksesif]		

2º [ks] est représenté par la graphie *CC* devant [i], [e], [ã], devant les graphies *I* ou *E*, dans un petit nombre de mots (la voyelle précédant [ks] ne peut être que *E* ou *A*, dans ce cas).

I **CC + E** **En**	*accident* [aksidɑ̃], *occident* [ɔksidɑ̃]... *accès* [aksɛ], *accélérer* [akselere]... *accent* [aksɑ̃]...

28.10. Remarques.

* La prononciation [ɛksa] est exceptionnelle. On ne la rencontre qu'avec le préfixe *EX-* suivi d'un mot commençant par **a**, comme *ex-avocat*, ou dans des mots dérivés d'un radical où on avait déjà [ks], comme *vexation* [vɛksasjɔ̃], dérivé de *vexer*. (La graphie *-XE*, en finale représente toujours [ks]).

Dans tous les autres cas, la graphie *EXA* ou *HEXA* représente [gz]. (Voir 29.5).

** [ks] en finale, n'existe que dans quelques noms propres : *Alex* [alɛks], *Dax* [daks], *Sfax* [sfaks] *Astérix* ou savants : *silex, index, narthex*... On dit *Jésus-Christ* [ʒezykri] mais le *Christ* [krist].

Pour la prononciation [s] de la graphie *X*, voir 32.2.

28.11. Consonne [k], dans le groupe [sk] : Graphies SC ou SQU.

1º Devant les voyelles [a], [ɑ̃], [o], [ɔ̃], [y], le groupe consonantique [sk] s'écrit toujours *SC;* les voyelles qui suivent commencent toujours par la graphie *A, O* ou *U,* selon une distribution analogue à celle de [k] devant voyelle (voir 28.1).

GRAPHIES	TIMBRES	EXEMPLES DE DISTRIBUTION	
		Initiale	Médiale
A	[a]	*scabreux*	*escale, mascarade*
An	[ɑ̃]	*scandale*	*escampette*
SC + O	[sk] + [ɔ]	*scolaire*	*escorte*
Om	[ɔ̃]		*escompte* [ɛskɔ̃:t]
U	[y]	*sculpter* [skylte]	*ausculter* [ɔskylte]

2º Devant les voyelles [e] et [ə], le groupe consonantique [sk] s'écrit *SQU.* A l'initiale, il n'apparaît que dans le mot *squelette* [skəlɛt]; autrement il existe surtout dans les finales : *masque, risque, risqué, fresque*...

3º Notez les graphies et la prononciation de : *ski* [ski], *square* [skwaːr] et *squale* [skwal]

28.12. Exercice de transcription.

1. *Il est clair que c'est un acteur qui aime*   1. ....
   être acclamé.   ....
2. *Claire a une bonne technique pour*   2. ....
   chronométrer.   ....
3. *J'ai eu un accident en taxi.*   3. ....
4. *On entend l'écho de l'orchestre.*   4. ....
5. *L'expert occidental a un accent excessif.*   5. ....

28.13. Problème de la graphie X. (voir 28.9 et 29.5)

Le tableau ci-dessous résume, du point de vue de la graphie, la distribution de la prononciation de X.

TIMBRE	EXEMPLES DE DISTRIBUTION GRAPHIQUE DU X			
	Initiale	Médiale	Finale + E	Finale absolue
[ks]	*xénophobe...* [ksenɔfɔb]	*taxi, extrême, oxyde...* [taksi] [ɛkstrɛm] [ɔksid]	*vexe, sexe, luxe.* [vɛks] [sɛks] [lyks]	*paix, prix...* [pɛ] [pri]
[gz]	*Xavier* [gzavje]	*examen exécrer* [ɛgzamɛ̃] [ɛgzekre], *exulter* [ɛgzylte] *exonérer... hexagone...* [ɛgzɔnere] [ɛgzago:n]		
[s]		*soixante; Bruxelles...* [swasɑ̃:t] [brysɛl]		*six* et *dix* [sis] [dis]
[z]		*deuxième, sixième, dixième...* [døzjɛm] [sizjɛm] [dizjɛm]		*six ans dix ans* [sizɑ̃] [dizɑ̃]

Remarques : Dans les dérivés, *X* garde la même prononciation : *vexer, vexation...*
On prononce le *X* final [ks], dans *Aix, Dax, Vercingétorix,* dans toutes les terminaisons latines : *silex, narthex...* et dans quelques mots étrangers comme *Sfax...*
Dans le préfixe *ex-*, comme dans *ex-ami,* on prononce [ks]
On prononce [ks] dans *Alexandre, Alex, alexandrin, Mexique, Texas...* et [s] dans quelques noms de ville comme *Auxerre, Auxonne...*

29.1. Consonne [g], devant voyelle.

1° Devant les sons [a], [ɔ], [o], [u], [ɔ̃], [wɛ̃], [wa], [y], le son [g] s'écrit toujours *G;* les voyelles qui suivent [g] commencent toujours par la graphie *A, O ou U.* La distribution est la suivante :

GRAPHIES	TIMBRES	EXEMPLES DE DISTRIBUTION	
		Initiale	Médiale
A	[a]	*gare*	*égarer, renégat*
An, Am	[ã]	*gant, gambade*	*élégant*
Au	[o]	*gauche*	*égaux*
O	[ɔ], [o]	*gomme*	*ragot, Hugo*
Ou	[u]	*goût*	*dégoût*
G + **On** [g] +	[õ]	*gonfler*	*dégonfler*
Oin	[wɛ̃]	*goinfre*	*groin*
Oi	[wa]	*goître*	
U	[y]	*Gustave*	*déguster, aiguë*

2º Devant les sons [i], [ɛ̃], [ɛ], [e], [ə], [œ], [ø], le son [g] est toujours représenté par la graphie *GU*; les voyelles qui suivent [g], commencent toujours par les graphies *E* ou *I*. La distribution est la suivante :

GRAPHIES	TIMBRES	EXEMPLES DE DISTRIBUTION	
		Initiale	Médiale
I	[i]	*gui*	*aiguiser, languir*
Y	[i]	*Guy*	
In	[ɛ̃]	*guindé*	
GU + **E** [g] +	[ɛ]	*guerre*	*aguerrie*
E	[e]	*gué*	*reléguée*
E	[ə]	*guenon*	*baguenauder*
Eu	[ø]	*gueux*	
Eu	[œ]	*gueule*	*« engueuler »*

3º La consonne [g], s'écrit *GG*, en position médiale, dans quelques mots étrangers, comme : *toboggan, Hoggar, Touggourt...*

29.2. Remarques.

Dans le mot *orgueil* [ɔrgœj] et ses dérivés, le son [œ] est représenté seulement par la graphie ᴇ (au lieu de *EU*), après le groupe *GU*.

Dans le mot *second* [səgɔ̃], le son [g], est représenté par la graphie *C;* ainsi que dans tous les dérivés de ce mot.

La graphie *GUI* représente les sons [gɥi], dans *aiguille* [egɥij], *linguiste* [lɛ̃gɥist], *ambiguïté* [ãbigɥite], *exiguïté* [ɛgzigɥite], et tous les mots du même type.

La graphie *GUA* représente les sons [gwa], dans *Guadeloupe* [gwadlup], *Guatemala* [gwatemala] *jaguar*... Mais dans les mots français, comme les terminaisons des verbes *navigua* [naviga], *fatigua* [fatiga]... la graphie ne représente que les sons [ga].

29.3. Consonne [g], dans les groupes consonantiques : Graphie G.

1° Dans presque tous les groupes consonantiques, [g] est représenté par la graphie *G* avec la distribution suivante :

GRAPHIE	TIMBRE	EXEMPLES DE DISTRIBUTION			
		Initiale	Médiale	Finale + E	Finale absolue
GL	[gl]	*gland*	*églantine*	*aigle*	
GR	[gr]	*grand*	*agrandir*	*aigre*	
GN	[gn]	*gnome*	*diagnostic*	*stagne*	

2° Dans les groupes [gr] et [gl], en position médiale uniquement, on a la graphie *GG*, (précédée du son [a]), dans quelques mots :

   agglutiner, agglomérer, aggraver et leurs dérivés.

3° Dans le groupe [gʒ], qui n'apparaît qu'en position médiale, devant [e] ou [ɛ] [g] s'écrit *GG* :

   suggérer [sygʒere], *suggestion* [sygʒɛstjɔ̃]...

29.4. Remarques.

La graphie *GN* représente habituellement le son [ɲ] (voir 40.1); la prononciation [gn], n'existe que dans des mots savants, rares :

   agnostique, diagnostic, ignition, inexpugnable, magnum, prognatisme, stagnation...

La graphie *GH* représente le son [g], dans quelques noms propres comme *Enghien* [ãgɛ̃], la plupart étrangers : *Ghandi*...

29.5. Consonne [g], dans le groupe [gz] : Graphie X.

Les sons [gz] sont toujours représentés par la graphie *X*. En dehors du mot *Xavier* [gzavje], [gz] est toujours précédé de la voyelle [ɛ] et suivi d'une autre voyelle. Le groupe [gz + voyelle] est représenté par les graphies : *EX + Voyelle* ou *HEX + Voyelle* :

   exiger [ɛgziʒe], *exécrable* [ɛgzekrabl], *examen* [ɛgzamɛ̃], *exonérer* [ɛgzɔnere], *exulter* [ɛgzylte], *exsangue* [ɛgzɑ̃:g] (ou [ɛksɑ̃:g)], *hexagone* [ɛgzagɔn], *inexistant* [inɛgzistɑ̃], *exubérant* [ɛgzyberɑ̃], etc...

Notez que la graphie *X* représente [ks] (voir 28.13), ou [gz], selon la distribution. Dans quelques mots, savants ou étrangers, le groupe *EX + Voyelle* se prononce [ks] : *Alexandre, alexandrin, Alexis, lexique, Mexique, Texas.*

29.6. Consonne [g], en finale.

La consonne [g], en finale, est toujours représentée par la graphie *GUE* : *fatigue, bague, orgue* [ɔrg]...

Dans quelques mots étrangers, on a cependant la graphie *G*, seule : *grog* [grɔg], *gang*[gɑ̃:g], *Zadig* [zadig], un coup de gong [gɔ̃:g]...

Du point de vue graphique, *G* final apparaît dans un certain nombre de mots français. Il n'est jamais prononcé : *long* [lɔ̃], *sang* [sɑ̃], *rang* [rɑ̃], *doigt* [dwa]..., ainsi que dans *longtemps* [lɔ̃tɑ̃].

29.7. Exercice de transcription.

1. *Ne vous égarez pas, Gustave, la gare est à gauche.*   1. ....

2. *Guy est un peu guindé et Marguerite est désagréable et exigeante.*   2. ....

3. *Je vous suggère de faire de la linguistique avec Alexandre.*   3. ....

4. *C'est la seconde aiguille que Xavier casse.*   4. ....

5. *Il y a depuis longtemps une grande église dans ce faubourg de Cherbourg.*   5. ....

6. *On exige un examen du boxeur mexicain. Il a soixante dix-huit ans!*   6. ....

29.8. Problèmes.

1. Comparez la distribution de [k] et [g], devant voyelle (28.1 et 29.1). Il y a de nombreuses analogies. Montrez le parallélisme des distributions.

2. Quelle est la règle analogue pour [k] et [g] dans les groupes consonantiques? (28.8 et 29.3).

3. Devant le son [œ] on a la graphie *C* comme dans *cœur*. Quelle graphie a-t-on pour la voyelle [œ] dans les mots comme [akœj] [rəkœj]?. Quelle est la graphie de [ɔrgœj]?

4. La graphie *QU* n'existe que dans un petit nombre de mots. Mais la plupart sont des mots courants. Citez-les. Écrivez-les en phonétique.

5. Parmi les mots prononcés [kwa] avec l'orthographe *QUA* et [kɥi] avec l'orthographe *QUI*, quels sont les plus courants?

6. Parmi les mots où [k] représente la graphie *CH* quels sont les plus courants?

7. Écrivez orthographiquement les mots :

[taksi], [ɔksidɑ̃], [ɛksite], [aksidɑ̃], [bɔksœːr], [lyks], [aksɑ̃], [ɛgzamɛ̃], [ɛgzagɔn], [ɛgzekrabl], [inɛgzɔrabl], [mɛksik], [alɛksɑ̃ːdr], [vɛkse].

8. Transcrivez les mots : *aiguille, linguiste* et *second*. Comparez les prononciations de *second*, avec le *e* prononcé et avec le *e* supprimé.   sǝgõ

29.9. Phonémique.

L'opposition /k/ – /g/ sert à distinguer de nombreux mots du lexique en français, tels que :

> *qui / gui,   quête / guette,   comme / gomme,   écoute / égoute,   écart / égard,*
> *roc / rogue,   bac / bague,   ocre / ogre...*

30.1. Consonne [f] : Graphies F, FF, FE, PH.

La consonne [f], est toujours représentée graphiquement par *F, FF, FE* ou parfois par *PH*, avec la distribution suivante :

GRAPHIE	TIMBRE	EXEMPLES DE DISTRIBUTION			
		Initiale	Médiale	Finale + E	Finale absolue
F PH FF	[f]	feu	café	carafe	chef, œuf...
		phare	téléphone	philosophe	
			effet	gaffe	
FL PHL FFL	[fl]	fleur	défloré	trèfle	
		phlegmon	pamphlet		
			affluent	souffle	
FR PHR FFR	[fr]	franc	safran	soufre	
		phrase	diaphragme	camphre	
			affreux	souffre	
PHN	[fn]		daphnée		

— 96 —

30.2. Consonne [f] en finale.

Notez que le [f] en finale, s'écrit *FE* ou *FFE* ou *PHE* mais également *F* sans *E* après, dans un très grand nombre de mots (environ 400 mots de la langue usuelle).

Du point de vue graphique, quelques mots s'écrivent avec un *F* final, non prononcé : *clef* [kle], (orthographe moderne *clé*); *nerf* [nɛːr], *cerf* [sɛːr] (dont la prononciation s'oppose à celle de *serf* [sɛrf]); les pluriels : *œufs* [ø], et *bœufs* [bø]; *cerf-volant* [sɛrvɔlã]; *chef d'œuvre* [ʃedœːvr] (mais chef-lieu [ʃefljø]; et *Neufchâtel* [nøʃatɛl]. *deer*

31.1. Consonne [v] : Graphie V, VE.

La consonne [v] est presque toujours représentée par la graphie *V*. La distribution est la suivante :

GRAPHIE	TIMBRE	EXEMPLES DE DISTRIBUTION			
		Initiale	Médiale	Finale + E	Finale absolue
V **W**	[v]	vie wagon	avis interviewer	cave	▒▒▒▒
VL	[vl]	vlan!	▒▒▒▒	▒▒▒▒	▒▒▒▒
VR	[vr]	vrai	avril	chèvre	▒▒▒▒

31.2. Remarques.

[v] final peut exister dans certains mots étrangers comme *Tel Aviv* [tɛlaviːv].

w représente la prononciation [w] dans certains mots anglais d'emprunt comme *waters* [watɛːr] et [v] dans les mots d'origine germanique comme *Edwige, edelveiss, Werther...*

Le *V* de liaison n'existe plus que devant *heures* et *ans* : *neuf heures* [nœvœːr], *neuf ans* [nœvã]; suivi ou précédé d'une consonne sourde, [v] peut devenir [v̥] comme dans : *naïveté* [naiv̥te], *chevaux* [ʃv̥o] (voir assimilation, 22.4).

31.3. Exercice de transcription.

1. *Voulez-vous un œuf ou deux œufs?* 1. _____

2. *C'est un chef-d'œuvre sans défaut.* 2. _____

3. *En effet il faut que je téléphone au chef-lieu.* 3. _____
   _____

4. *Il souffre affreusement depuis neuf heures.* 4. _____
   _____

5. *Il y a neuf oranges et neuf pommes à la cave.* 5. _____
   _____

*heures
neuf (v) ans*

31.4. Problèmes.

1. La consonne [v] est-elle distribuée de la même manière que la consonne [f] à l'initiale? Quelles sont les différences phonétiques?

2. Dans quelle position la graphie *FF* existe-t-elle? Y a-t-il une graphie *VV* en français?

3. Quelle est la différence essentielle dans la prononciation finale des graphies *F* et *V*?

4. Dans quel genre de mots trouve-t-on la graphie *PH* pour [f]?

31.5. Phonémique.

L'opposition /f/ – /v/ distingue des mots du lexique en français, tels que : *font / vont, faire / vert*, et est utilisée pour différencier le genre grammatical dans :

neuf/neuve naïf/naïve, etc.

L'opposition /f/ – /phonème zéro/ aide à distinguer les singuliers des pluriels pour les mots :

> *œuf / œufs* /œf/ – /ø/
> *bœuf / bœufs* /bœf/ – /bø/

32.1. Consonne [s] : Graphies S et SS.

Le son [s], est presque toujours représenté par la graphie *S*, ou *SS* en position intervocalique. La distribution est la suivante :

GRAPHIE	TIMBRE	EXEMPLES DE DISTRIBUTION			
		Initiale	Intervocalique	Finale + E	Finale absolue
S	[s]	+ n'importe quelle voy. *si, ses, sa seul, sol, sous, sans, sain, son*	Voy. nasale + [s] *chanson* [ʃɑ̃sõ] *insister* [ɛ̃siste] *console* [kõsɔl]	Voy. nasale [ɑ̃] + [s] + E *anse* [ɑ̃:s] *pense* [pɑ̃:s]	Non prononcée (Exceptions 32.2) *amis* [ami], *es* [ɛ] *temps* [tɑ̃], *sans* [sɑ̃]
SS	[s]		*assez* [ase], *poussé rousseur* [rusœ:r]	*fasse* [fas] *bosse* [bɔs]	

32.2. Remarques.

En position intervocalique, le son [s] avec la graphie *S* peut encore apparaître lorsqu'il représente le début du radical dans un *mot composé* :

> *semblable > vraisemblable* [vrɛsɑ̃blabl]; *sens > contresens; sol > entresol*...

— 98 —

Le son [s] *est représenté par la graphie* X *dans les mots* : *soixante* [swasã:t], *Bruxelles* [brysɛl], *Auxerre* [osɛ:r], *six* [sis], *dix* [dis].

Le [s] final devient normalement [z] dans la liaison : *six ans* [sizã], *dix ans* [dizã].

La graphie *S* entre voyelles, se prononce [s] dans *désuet* [desɥɛ] et *susurrer* [sysyre].

Le son [s] *final est normalement représenté par* SSE (voir 32.1. Ex. *fasse, bosse...*) et la graphie -S *est habituellement muette, comme dans tous les pluriels, en particulier.* Mais -S *final se prononce* :

1º Dans la liaison (42.1) où *S* devient [z].

2º Dans les principales terminaisons suivantes (mots savants ou étrangers) :

AS [ɑ:s] : *Atlas, hélas! vasistas, Arras, Ruy-Blas, Texas.*
ES [ɛs] :   *Agnès, faciès, Jaurès, licencié ès-lettres* [ɛslɛtr], *express.*
EPS [ɛps] : *biceps...*
IS [is] :   *bis* (2 fois), *fils* [fis], *gratis, jadis, maïs, myosotis, oasis, tennis, vis, tourne-vis, volubilis, Médicis, Tunis.*
OS [os] :   *Albatros, Albinos, Calvados, Eros...*
US [ys] :   *angelus, autobus, blocus, hiatus... prospectus, terminus, Vénus...*

3º Dans les noms : *Reims* [rɛ̃:s], *Lens* [lã:s], *Sens* [sã:s], *sens* [sã:s] (et dérivés) *Saint-Saëns* [sɛ̃sã:s], *Rubens* [rybɛ̃:s]...

Le mot *os* [ɔs], au pluriel, se prononce [o] mais parfois aussi [ɔs].

32.3. Consonne [s] : Graphies C, SC, Ç.

Dans un certain nombre de mots le son [s] est représenté par les graphies *Ç, SC*, ou *C*, avec la distribution suivante :

1º Devant les voyelles [i], [ɛ̃], [e], [ɛ], [ø], [ə], [ã] et [j] : le son [s] s'écrit *C*; les voyelles qui suivent commencent toujours par *I* ou *E*.

GRAPHIES	TIMBRES	EXEMPLES DE DISTRIBUTION	
		Initiale	Médiale
I	[i]	*cinéma*	*décider*
In	[ɛ̃]	*cinq*	*ricin*
I + voy.	[j]	*ciel*	*acier*
C + E	[s] + [e]	*céder*	*décéder*
E	[ɛ]	*cette*	*recette*
E	[ə]	*cela*	*déceler*
Eu	[ø]	*ceux*	*chanceux*
En	[ã]	*cent*	*décent*

2º Devant les voyelles [o], [e], [ɛ], [i], [ɛ̃] et le son [j], on a également la graphie *SC* pour représenter le son [s]; graphiquement la voyelle qui suit le [s] est toujours représentée par *E* ou *I*. Les principaux mots où *SCI* et *SCE* apparaissent sont :

sceau [so], *scélérat, scellé, scène, sceptique, sceptre, scie, scier, scinder, scintiller, scission.*

3º Devant les voyelles [a], [ã], [õ], [y], le son [s] est représenté par la graphie *Ç*, dans un petit nombre de mots. La voyelle qui suit *Ç* est représentée par la graphie *A, O* ou *U* :

ça [sa], *maçon, commerçant, façade, fiançailles, forçat, caleçon, façon, garçon, glaçon, hameçon, leçon, poinçon, rançon, soupçon, aperçu, gerçure* et dans tous les passés simples des verbes en *-cer*, comme *glaça, commença,* etc... ainsi que dans les formes du participe présent : *glaçant, commençant...* (S'il n'y avait pas de cédille sous le c, on aurait ici le son [k], voir 29.1).

32.4. Consonne [s], dans les groupes consonantiques : Graphie S ou C.

1º Dans presque tous les groupes consonantiques, [s] est représenté par la graphie S. Les principaux* de ces groupes sont les suivants :

GRAPHIES	TIMBRE	EXEMPLES DE DISTRIBUTION			
		Initiale	Médiale	Finale + ᴇ	Finale absolue
SL	[sl]	slave			
SM	[sm]		osmose [ɔsmoːz]	communisme [kɔmynism]	
SP	[sp]	spécial	aspect	crispe	
SPL	[spl]	splendide	resplendir		
ST	[st]	station	mastic	reste	test
STH			esthétique		
STR	[str]	strapontin	estrade	astre	
**SV	[sv]	svelte [ʃvelt]			

*S peut se trouver en contact avec d'autres consonnes dans des mots composés comme *transformer, disgracieux.*

**Notez que le [s] devant [v], à l'initiale est sonorisé (voir 22.4.2º).

2º Dans le groupe [rs], le son [s] est représenté soit par la graphie *RS*, dans la plupart des cas; soit par *RC*, dans un petit nombre de mots.

— *verser* [vɛrse], *morsure, versant, persan, mars, ours...*

— *berceau, perçons, aperçoit...*

32.5. Remarques.

On prononce *mœurs* [mœ:r] ou [mœrs].

Le groupe [ls] est orthographié *LS*, comme dans *valser, valse, Vals;* mais cette même graphie *LS* représente les sons [lz] dans tous les autres mots (voir 33.3).

A l'intérieur des mots, la graphie *S* n'est pas prononcée dans les composés de *les, mes, des,* comme : *lesquels* [lekɛl], *mesdames* [medam], *desquels* [dekɛl], et dans les noms propres en général :

Descartes [*dekart], *Daumesnil* [*domenil], *Les Vosges* [*levo:ʒ], *Desbordes* [*debɔrd]...

32.6. Exercice de transcription.

1. *Il siffle souvent des chansons anciennes.*

   1. ....
   ....

2. *Vous pensez que c'est un contresens invraisemblable, n'est-ce pas?*

   2. ....
   ....

3. *Agnès ne sait plus si Cécile a décidé d'aller au cinéma ce soir.*

   3. ....
   ....

4. *Ce garçon s'aperçoit qu'il est déçu par sa fiancée.*

   4. ....
   ....

5. *Cette station estivale est splendide en ce moment.*

   5. ....
   ....

32.7. Problème de la graphie TI.

Le son [s] est représenté par la graphie *T* suivie de *I* dans un certain nombre de mots comme *démocratie* [demɔkrasi], *confidentiel* [kõfidãsjɛl], etc... Mais la même graphie *T* représente également le son [t] dans un grand nombre de mots, comme *partie* [parti], *huitième* [ɥitjɛm], etc... (voir 26.3). Voici un tableau comparatif de la distribution graphique de *TI* :

GRAPHIE *TI* = /t/	GRAPHIE *TI* = /s/
En toutes positions : /t/ *tire parti, partie, été, rôti...* *tigre, sorti, sortie...*	Jamais /s/ en initiale. Terminaison -TIE : /s/ *démocratie, inertie, ineptie...*
Dans les terminaisons suivantes, /t/ : TIER : *métier, chantier...* (noms) TIÉ : *pitié, amitié, moitié...* TIÈME : *huitième...* TIAS : *galimatias* STIAL : *bestial* STIAUX : *bestiaux* STION : *question, bastion...* (voir 27.3) TION : *inventions, portions* (verbes)... TIEN : *maintien* (composés de *tenir...*)	Dans les terminaisons suivantes, /s/ : TIER : *initier...* (verbes) TIÉ : *initié...* TIEL : *confidentiel, différentiel...* TIANE : *gentiane* TIAL : *initial, martial, nuptial* TIAUX : *initiaux* TION : *nation, section, invention, portion* (substantifs)... TIEUX : *ambitieux, contentieux...* TIEN : *Egyptien, Capétien...* TIUM : *Latium...*

32.8. Prononciation du [s] final dans le mot TOUS.

TOUS, adjectif : [s] jamais prononcé	*Tous les jours;* [tuleʒu:r]	*tous ces habits;* [tusezami]	*tous mes amis...* [tumezami]
TOUS, pronom : [s] toujours prononcé	*Tous l'ont vu;* [tuslõvy]	*ils sont tous ici;* [ilsõtusisi]	*prenez-les tous* [prɔneletus]

32.9. Prononciation du [s] final dans le mot PLUS.

	PLUS, NÉGATIF	PLUS, POSITIF
En finale	S jamais prononcé *Il n'en veut plus* [ilnãvøply]	[s] facultatif *un peu plus un peu plus* [œ̃pøply] ~ [œ̃pøplys]
Suivi d'une consonne	S jamais prononcé *plus du tout* [plydytu]	S jamais prononcé *plus beau* [plybo]
Suivi d'une *voyelle* ou d'un *h muet*	S prononcé [z] *Il n'en a plus assez* [ilnãnaplyzase] *ça n'est plus humain* [sanɛplyzymɛ̃]	S prononcé [z] *Il est plus âgé* [ilɛplyzaʒe] *Il est plus humain* [ilɛplyzymɛ̃]

32.10. Remarques.

Dans la langue familière, le *ne* n est pas prononcé dans *il (n')en veut plus* [ilãvøply]. La différenciation avec le positif : *il en veut plus* (= davantage) se fait alors en prononçant le [s] de plus positif : [ilãvøplys].

32.11 Exercice de transcription.

1. *Nous inventions des inventions et nous portions des portions.*
1. ....
   ....

2. *C'est la huitième nation à profiter de l'invention initiale.*
2. ....
   ....

3. *Voici une question essentielle au sujet des bestiaux.*
3. ....
   ....

4. *Je n'en veux plus car ce n'est plus assez beau.*
4. ....
   ....

5. *De plus en plus, ils viennent tous, tous les jours.*
5. ....
   ....

33.1. Consonne [z] : Graphies S et Z.

La consonne [z] est représentée par la graphie *Z* dans quelques mots et par la graphie *S* dans un grand nombre de mots, avec la distribution suivante :

GRAPHIE	TIMBRE	EXEMPLES DE DISTRIBUTION			
		Initiale	Médiale	Finale + E	Finale absolue
Z	[z]	*zèbre* [zɛbr] *zone* [zoːn]	*azur* [azyːr] *bronzer*	*douze* *quinze*	**-Z non prononcé *chantez* [ʃãte], *nez*
S	[z]		*S* entre voyelles *orales*★ *viser, aisé, raser, oser, cousez mésaventure...*	Après voyelles *orales* et devant E muet *frise, aise, rase ose, ruse, couse...*	*S* de liaison [z] *les enfants* z *vous êtes* z

33.2. Remarques.

Pour la prononciation de la graphie -S-, en position médiale, comparez les tableaux 32.1 et 33.1.
★ Notez que -S- intervocalique se prononce toujours [z], même précédé d'une voyelle nasale, s'il appartient à un préfixe, comme dans : *trans*atlantique [trãzatlãtik], *trans*ition [trãzisjõ]. Comparez avec le [s] initial de radical [32.2].
On a le son [z] dans les composés de *dix* [dis] et de *deux* [dø] : *dixième* [dizjɛm], *dix-huit* [dizɥit], *deuxième* [døzjɛm]...
★★ -Z final est prononcé dans le mot *gaz* et dans des mots comme *Berlioz, Fez, Suez* [sɥɛːz]...

33.3. Groupes consonantiques avec [z].

Ces groupes sont rares; le plus fréquent est [gz], noté par la graphie X (voir 29.5).
Le groupe [lz] est représenté par la graphie *LS* dans les mots : *Alsace* [alzas], *balsa* [balza], *Jersey* [ʒɛrzɛ], *Elsa* [ɛlza].
Le groupe [dz] est noté par la graphie *Z* : ex. : *Zeus* [dzøːs]

33.4. Exercice de transcription.

1. *Leurs enfants sont frisés et bronzés.*
2. *Vous avez eu des mésaventures sur le transatlantique?*
3. *« Ils ont perdu » ou « ils sont perdus »?*
4. *Vous entrez dans la zone de la Saône.*
5. *Ils ont osé se hausser ici.*

1. _____
2. _____
   _____
3. _____
   _____
4. _____
5. _____

33.5 Problèmes

1. La prononciation [s] peut se trouver dans toutes les positions : initiale, médiale, finale. Dans quel cas la graphie *S*, simple, est-elle possible en position médiale? (32.1). Dans les autres cas quelle est la graphie la plus courante de [s] intervocalique? Quelles sont les graphies habituelles de [s] prononcé en finale? Exemples.

2. Quelle est la seule prononciation possible de la graphie *S* dans les groupes consonantiques en français?

(Il peut y avoir de rares exceptions comme *svelte, disgrâce...* Que se passe-t-il alors. Voir 22.4.2º.)

3. Quels sont les groupes consonantiques les plus fréquents avec [s]?

4. Il existe d'autres groupes, qu'on appelle *secondaires* et qui résultent de la chute d'un E caduc; comme [sr] dans *c(e) rise* [sri:z] ou *s(e)ra* [sra]. Faites une liste de groupes secondaires courants avec [s] : *j(e) sais* [ʒs], *s(e) lève-t-il* [sl], etc...).

5. Devant quelles voyelles   a-t-on la graphie *ç?*

6. La graphie *SC* est-elle possible devant *A, O, U* pour le son [s]?

7. Transcrivez *tous* et *plus* en phonétique dans les groupes suivants :
   tous les jours; ils sont *tous* partis; vous les avez *tous*; Ils sont *plus* grands et *plus* âgés; c'est *plus* haut; je n'en veux *plus;* j'en veux un peu *plus.*

8. Comparez la prononciation de [s] et [z] dans les mots suivants et expliquez-la; *vraisemblable, mésaventure, transatlantique, entresol.*
   [vrɛsãblabl]   [mezavãty:r]   [trãzatlãtik]   [ãtrəsɔl]

9. Quelle est la graphie la plus courante de [z] entre 2 voyelles?

10. Les mots suivants sont différenciés par la seule opposition /s/ – /z/. Il y en a un grand nombre. Essayez de compléter la liste des oppositions suivantes :

sel – *zèle*	*hausser* – *oser*	*hausse* - *ose*
sale	*racé*	*race*
Saône	*casser*	*casse*
sous	*rosser*	*rosse*
sur	*baisser*	*baisse*

11. Est-ce que toutes les possibilités d'oppositions sont réalisables? Est-ce que le timbre de la voyelle varie dans certaines de ces oppositions? (Voir *A*, 18.1 et *O*, 16.1.)

33.6. Phonémique.

L'opposition /s/ – /z/ sert à différencier un grand nombre de mots du lexique en français, comme *Saône / zône, laisser / léser, dix / disent...*

Cette opposition a un rôle grammatical important dans la liaison. Elle permet de distinguer des formes comme :

ils sont / ils ont

Mais le /z/ intervient surtout pour renforcer la marque du pluriel, déjà marqué par la voyelle, dans des cas comme :

l'ami / les amis

z

un ami / des amis

z

34.1. Consonne [ʃ] : Graphies CH, SCH, SH.

Dans la plupart des mots français courants la graphie la plus probable pour le son [ʃ] est toujours *CH*. Les autres graphies sont très rares.

GRAPHIE	TIMBRE	EXEMPLES DE DISTRIBUTION			
		Initiale	Médiale	Finale + E	Finale absolue
CH	[ʃ]	*+ voyelle* *chat, chien* *champ, chemise*	*achat, manche* *fourchu, marcher*	*hache, roche* *fourche, marche*	**N'existe pas* dans les mots français usuels
SCH	[ʃ]	*schéma, schism*e ʃema ʃism	*Eschyle* [eʃil]		*kirsch* [kirʃ]
SH	[ʃ]	*shampooing* [ʃãpwē] *short* [ʃɔrt]			

34.2. Remarques.

* Rappelons que la graphie *CH* représente [k] dans un certain nombre de mots tels que *chaos, orchestre, varech* [varɛk] (voir [k] 28.4) et qu'elle n'est pas prononcée dans *almanach* [almana].

En finale, on prononce pourtant *Foch* [fɔʃ] et *Auch* [ɔʃ]. Le mot anglais *sandwich* se prononce [sãdwiʃ] en français.

34.3. Groupes consonantiques avec [ʃ].

[ʃ] ne change pas de graphie dans les groupes consonantiques, comme : *tchèque* [tʃɛk], *alchimie* [alʃimi], *marcher* [marʃe].

Rappelons que la graphie *CH* peut représenter le son [k] dans les groupes consonantiques [k] (voir 28.8.3).

34.4. Exercice de transcription (revoir graphie CH avec le son [k] 28.4 et 28.8 3º).

1. *Le chat s'est échappé dans les champs.*   1. ....
2. *Le chien lèche le sandwich.*   2. ....
3. *Ce schéma est trop technique, Charles.*   3. ....
4. *Le chœur était accompagné par l'or-*   4. ....
   chestre.
5. *Le chirurgien a acheté le chronomètre*   5. ....
   du chimiste.   ....

35.1. Consonne [ʒ] : Graphies J ou G.

1º La consonne [ʒ] est généralement écrite *J* (dans les trois quarts des cas à l'initiale); en finale *JE* est très rare. La distribution graphique de *J* est la suivante :

GRAPHIE	TIMBRE	EXEMPLES DE DISTRIBUTION			
		Initiale	Médiale	Finale + E	Finale absolue
J	[ʒ]	*Je, jeune* *janvier, joue*	*ajouter* *déjeuner*	*ai-je*	*N'existe pas*

2º Lorsque le son [ʒ] n'est pas écrit *J,* il est représenté par la graphie *G* ou la graphie *GE,* selon la distribution suivante :

Devant les voyelles [i], [ɛ], [e], [ɛ], [ə], le son [ʒ] est représenté par la graphie *G;* la voyelle qui suit le *G* commence toujours par *I* ou *E :*

GRAPHIES	TIMBRES	EXEMPLES DE DISTRIBUTION		
		Initiale	Médiale	Finale
I **In** **G + E** **E** **En**	**ʒ +** [i] [ɛ̃] [e] [ɛ] [ɑ̃]	*gilet* *gingembre* *général* *geste* *gens*	*agile* *regimber* *âgé* *digestion* *engendrer*	
E	[ə]	*geler*	*engelure*	*âge, rouge, beige...*

Devant les voyelles [a], [ɑ̃], [o], [õ], les sons [wa] et la voyelle [y], le son [ʒ] est représenté par la graphie *GE;* la voyelle qui suit le groupe *GE* commence toujours par *A, O,* ou *U* et par *E* pour le son [ɑ̃] initial :

GRAPHIES	TIMBRES	EXEMPLES DE DISTRIBUTION	
		Initiale	Médiale
A	[a]		*mangeable*
An	[ɑ̃]		*mangeant*
GE + O	[ʒ] + [o, ɔ]	*geôle* [ʒoːl], *Georges...*	*bougeotte*
On	[õ]		*pigeon, bougeons*
Oi	[wa]		*rougeoie*
U	[y]		*gageure*

35.2. Remarque.

Notez que la graphie G sert à représenter le son [g] devant les graphies *A, O, U* (voir 20.1).

Notez qu'en finale le son [ʒ] est presque toujours représenté par la graphie *-GE;* en position médiale *G* est plus fréquent que *J;* mais en position initiale, *J* est le plus fréquent.

35.3. Consonne [ʒ], dans les groupes consonantiques : Graphies J ou G.

Dans tous les groupes consonantiques, le son [ʒ] *en position médiane* est représenté par la graphie *J* :

> *adjectif, adjoint, objet, adjurer...*

Dans les groupes consonantiques, le son [ʒ] *en position finale* est représenté par la graphie *GE* :

> *Belge, orge, courge...* et dans les mots d'origine anglaise comme *budget.*

En position initiale [ʒ] n'apparaît que dans des groupes secondaires tels que :
> *j(e) pars, j(e) reste...*

Dans ce cas, lorsque [ʒ] se trouve au contact d'une consonne sourde ([p], [t], [k], [f], [s], [ʃ], il s'assourdit lui-même : devient [ʒ̊]. A l'initiale de groupe, ce [ʒ̊], *dans la langue familière rapide* /devient/ un véritable [ʃ] :

> *je peux* [ʃpø], *je trouve* [ʃtruːv], *je crois* [ʃkrwa], *je fais* [ʃfɛ]...

Le groupe [gʒ] est représenté par la graphie *GG* :
> *suggestion, suggérer* [sygʒere]

35.4. Exercice de transcription.

1. *J'ai cherché le chat chez Gilles et Jean.*   1. ....

2. *La chatte a bu la jatte de lait.*   2. ....

3. *C'est une chose que j'ose dire au général.*   3. ....

    ....

4. *J(e) te suggère d'acheter ce gilet-là.*   4. ....

5. *J(e) crois que Gisèle a jeté le shampooing qu'elle a acheté en Belgique.*   5. ....

35.5. Problèmes.

1. Quelle est la graphie la plus courante pour le son [ʒ].

2. Parmi les graphies exceptionnelles pour [ʃ] quelles sortes de mots a-t-on surtout ?

    (*short, sheriff, shilling, shrapnell...*) anglais

3. Quelle est la graphie normale de [ʒ] en finale. ge

4. Est-ce que la graphie *J* peut apparaître dans toutes les positions (initiale, médiale, finale...)? La graphie GE?

5. Quelles sont les analogies graphiques entre GE et CE suivis d'une voyelle prononcée? (35.1.2º et 32.3.2º).

6. Transcrivez la graphie JE dans les groupes suivants, en supprimant l'*e* caduc :
    a) *Je sais, je peux, je crois, je trouve, je fais, je cherche.*
    b) Par quelles consonnes commencent les verbes qui suivent *je*, dans ce cas?

7. Transcrivez : *je vais l'acheter*, et *je vais la jeter*. Quelle différence sensible y a-t-il ici dans un débit lent? ʃt 3t

8. Quelle est la distribution de [ʒ] dans les groupes consonantiques?

35.6. Phonémique.

Les consonnes /ʃ/ et /ʒ/ servent à distinguer des mots du lexique en français; comme :

   j'ai – chez, haché – âgé, hanche – ange.

36.1. Consonne [l] : Graphies L ou LL.

La consonne [l] peut apparaître en toutes positions. La graphie est *L* ou *LL*, selon la distribution suivante :

GRAPHIE	TIMBRE	EXEMPLES DE DISTRIBUTION			
		Initiale	Médiale	Finale + E	Finale absolue
L	[l]	*lit, les, la* *le, lot, loup...*	*ailé, îlot* *malin...*	*cale, cale* *file, veulent*	* Toujours prononcée *bal, bol, fil* *sel, mal, seul...*
LL	[l]		*aller* [ale]	*balle, folle* [fɔl]	
LH	[l]	*Lhomond*	*Alhambra*		

36.2. Consonne [l] en finale : Graphies LLE, LE ou L.

Le [l] final est représenté graphiquement par *LE* ou *LLE* mais aussi par *L* seul, dans plus d'un millier de mots du lexique usuel.

La graphie *L* finale n'est pas prononcée dans un tout petit nombre de mots : *pouls* [pu], *fils* [fis] *cul* [ky] et les composés, *cul-de-sac...*, *saoul* [su] (féminin *saoûle* [sul]).

Dans la terminaison *-IL*, [l] est toujours prononcé, selon la règle générale, comme dans : *Nil, Brésil, avril, cil* [sil]; mais *-L* n'est pas prononcé dans : *chenil* [ʃəni], *coutil, fournil, fusil, gentil, nombril, outil, persil, sourcil* [sursi].

La graphie *LH* est très rare.

36.3. Graphie ILL.

Le préfixe *ILL* représente la prononciation [il] ou, de plus en plus, [ill] :

illégal [illegal], *illettré* [illetre], *illégitime* [illeʒitim] (voir 22.7).

Rappelons que *ILL* représente [ij] ou [j] dans la plupart des mots comme *famille, feuille...* (voir 3.1). Mais on prononce [il] dans : *ville, mille, tranquille* [trãkil], *Achille, Gilles, Lille, oscille, distille* et dans les mots scientifiques du type : *pénicilline, oscillographe...* et tous les dérivés.

36.4. Groupes consonantiques : [l] + consonne.

Par suite de la chute du *E* caduc dans le mot *le*, à l'initiale, [l] peut se trouver au contact de n'importe quelle consonne. En position médiale, il existe de nombreux groupes *consonne* + [l] où le [l] est toujours écrit *L*, tels que [lk], [lb], etc. comme dans : *balcon, albinos...*

En finale, les groupes [l] + *consonne* sont plus rares. Ils sont toujours écrits avec un seul *L*. On a [lk], *talc, décalque;* [lb] *galbe;* [lm] *palme;* [lt] *halte;* [lv] *salve;* [ls] *valse*

La graphie L final n'est pas prononcée dans certains noms propres : *Renault* [*rəno] *Meaulnes* [*mo:n]

[l] final, dans la langue *familière rapide*, tombe dans les mots *il, elles*, suivis de consonne prononcée et dans *celui* et *lui* :

« *i(l) m'a dit* » [imadi]   « *c(el)ui-là* [sɥila]
« *s'i(l) vous plaît* » [sivuplɛ]   « *j(e lu)i ai dit* » [ʒjedi].

36.5. Groupes consonantiques : consonne + [l].

N'importe quelle consonne peut entrer en combinaison avec [l]. Ce sont surtout les occlusives : comme dans *pleut, bleu, clé, gland...* (Voir les autres consonnes.) [l] est toujours représenté par la graphie *L* dans ce cas également.

36.6. Exercice de transcription.

1. *Le loup est un animal intelligent.*   1. _____
2. *« En avril ne te découvre pas d'un fil. »*   2. _____
3. *Son fils a les sourcils et les cils tout*   3. _____
   gris.   _____
4. *Gilles veut aller au bal en ville, à Lille.* 4. _____
5. *Cette fille habite dans sa famille au*   5. _____
   Brésil.   _____

37.1. Consonne [r] : Graphie R ou RR.

La consonne [r] peut apparaître en toutes positions. La graphie est *R* ou *RR* selon la distribution suivante :

GRAPHIE	TIMBRE	EXEMPLES DE DISTRIBUTION			
		Initiale	Médiale	Finale + E	Finale absolue
R	[r]	*rat, riche* *roue, rue, repos*	*Paris, iris* *érosion* *vérité*	*mare, faire* *dure, cire...*	Prononcé dans un grand nombre de mots : *par, pour, sur,* *finir, or...*
*RH	[r]	*rhume*		*arrhes* [a:r]	
RR	[r]		*arrive, errer*	*serre, fourre*	
	[rr]		** mourrait [murrɛ] courrait [kurrɛ]		

— 111 —

* La graphie *RH* est assez rare.
** Pour la prononciation de [rr] voir *géminées* (22.8).

37.2. Consonne [r] en finale : Graphie RE ou R.

La consonne [r] en finale est écrite *RE*, mais également *R* sans *E* après, dans un très grand nombre de mots (plus de 2 000 mots du lexique usuel). On a également un grand nombre de mots avec les graphies finales *RS*, *RT*, *RD*, pour la prononciation [r]; *S*, *T*, *D* sont alors muets.

Du point de vue graphique, on peut dire que, dans un mot sur trois, R final est prononcé : car [ka:r], *finir* [fini:r], *or* [ɔ:r], *pars* [pa:r], *sort* [sɔ:r], *bord* [bɔ:r]...

Mais :

> R final n'est pas prononcé dans deux mots sur trois en français. On ne le prononce pas dans :
>
> 1° les mots :
>
> *monsieur* [məsjø], *messieurs* [mesjø] et *gars* [gɑ];
>
> 2° les nombreuses terminaisons des verbes substantifs et adjectifs en *ER*, *IER*
>
>   *manger, boulanger, danser, l'épicier, le boulanger, léger...*
>   [mãʒe]   [bulãʒe]   [dãse]   [episje]   [bulãʒe]   [leʒe]

Cependant on prononce le R final dans les mots courants suivants :
    amer, cuiller, enfer, fer, hiver, mer, ver, hier, fier
    [ame:r] [kɥijɛ:r] [ãfɛ:r] [fɛ:r] [ivɛ:r] [mɛ:r] [vɛ:r] [jɛ:r] [fjɛ:r]

et dans quelques mots savants ou étrangers :
    cancer [kãsɛ:r], *éther, Esther, Jupiter, reporter* [rəpɔrtɛ : r], *revolver, starter, gangster.*
(ER se prononce [œ:r] dans : *speaker* [spikœ:r], *steamer, leader*).

37.3. Groupes consonantiques : [r] + consonne.

Par suite de la chute du *E* caduc dans le préfixe verbal *RE*, [r] peut se trouver au contact de n'importe quelle consonne à l'initiale. Comme dans : *r(e)faire, r(e)commencer*, etc... alors que [r] initial n'apparaît pas dans les groupes primaires.

En position médiane et finale, [r] peut se trouver au contact de n'importe quelle consonne, comme dans :
    harpon [rp], *artiste* [rt], *arqué* [rk]... *harpe, parte, arc,* etc...

Le [r] est alors *dévoisé*, (voir 22.4), s'il se trouve au contact d'une consonne *sourde*.

    Ex. : *harpon* [arpõ]; *artiste* [artist]; *merci* [mɛrsi].

37.4. Groupes consonantiques : consonne + [r].

On a vu que presque toutes les consonnes peuvent entrer en combinaison avec [r]. (Voir les différentes consonnes.)

Rappelons que le groupe *consonne + r* appartient toujours à la même syllabe (voir 1.4). Dans ce cas, si la consonne qui précède le [r] est *sourde*, le [r] se *dévoise*.

Ex. : *près* [prɛ]; *très* [trɛ]; *craie* [krɛ]; *frais* [frɛ]; *s(e)rais* [srɛ].

Dans les groupes *consonne + r* en position finale, le [r] peut tomber, en finale de groupe ou devant consonne, dans une prononciation familière ou rapide.

Donnez-m'en une livre [li:v]. *Donnez-m'en quatre* [kat]. *Ouvre la porte* [uvlapɔrt]. *Une livre de pommes* [livdəpɔm]. *Une « quatre chevaux »* [katʃəvo].

37.5. Exercice de transcription.

1. *René rit rarement quand il raconte une histoire à Roger.*
2. *J'arriverai à Paris le premier avril.*
3. *Il va aller chez le boulanger et l'épicier du quartier.*
4. *Il est fier d'aller à la mer en hiver.*
5. *Il mourrait de peur s'il voyait un gangster.*

1. ....
   ....
2. ....
3. ....
   ....
4. ....
5. ....
   ....

37.6. Problèmes.

1. Comparez la distribution du [r] et du [l], [36.1 et 37.1]. Quelles sont les analogies?

2. Transcrivez les mots suivants :

   mourait – mourrait; courait – courrait; dura – dur(e)ra; barrais – barr(e)rais; dorait – dor(e)rait.

3. Lorsque [l] et [r] sont précédés d'une consonne sourde ([p], [t], [k], [f], [s], [ʃ]) ils deviennent sourds également, comme dans : *prix, pleut, craie, claie*... Dans ce cas, est-il très important de noter l'assourdissement du [r] et du [l]? Pourquoi?

4. A quel style appartiennent les transcriptions suivantes? Rétablissez-les en transcription de français standard, style soigné.

[imadikivjɛ̃dra]
[sчilavokatfrɑ̃]
[ynlivdəpɔm sivuplɛ]
[ɛmdi kɛladezɔrd presi]
[imfodrɛ ynlivdəsyk]

*Il m'a dit qu'il viendra
il lui la vant quatre francs
une livre de pomme s'il vous pl
il m'a dit qu'elle a desordue preci
il me faudrait une livre de
sucre.*

37.7. Phonémique.

Les consonnes /l/ et /r/ s'opposent dans de nombreux mots du lexique, tels que :

lit – riz; loup – roue; au lit – au riz; en long – en rond; ville – vire; bol-bord...

— 113 —

Le /r/ simple s'oppose au /rr/ double pour distinguer les formes de l'imparfait de celles du conditionnel des verbes dont l'imparfait est en *-rais*, comme :

Je courais – je courrais; il mourait – il mourrait...

On retrouve ce type d'opposition dans les formes des 2e et 3e personnes du singulier du passé simple et du futur, dans les verbes du type :

tu éclairas – tu éclair(e)ras; il espéra – il espèr(e)ra.

38.1. Consonne [m] : Graphies M ou MM.

La consonne [m] est toujours représentée par la graphie *M* ou *MM*, avec la distribution suivante :

GRAPHIE	TIMBRE	EXEMPLES DE DISTRIBUTION			
		Initiale	Médiane	Finale + E	Finale absolue
M	[m]	*mère*	*aimer*	*aime*	Non prononcée *** (voy. nasale) *nom* [nõ] *faim* [fɛ̃]
* **MM**	[m]		*immense*	*femme* [fam]	
** **MN**	[mn]	*mnémotechnique*	*gymnastique*	*hymne* [imn]	

38.2. Remarques.

La consonne [m] n'est jamais précédée d'une voyelle nasale, à l'intérieur d'un même mot, sauf dans le cas du préfixe *EM*, dans des mots comme emmener [ãmne]. (Voir voyelles nasales 6.2) et dans les formes verbales (passé simple) de *tenir, venir*, et dérivés : *nous tînmes* [tɛ̃:m], *nous vinmes* [vɛ̃:m]...

La consonne graphique *M*, indique la prononciation d'une voyelle nasale, devant consonne (sauf *m*) ou en finale (voir *nasales* 6.1).

Les mots *immangeables* et *immanquables* se prononcent [im-] ou, le plus souvent, [ɛ̃mãʒabl] et [ɛ̃mãkabl].

* La prononciation [mm] au lieu de [m] est fréquente. (Voir géminées 22.7.)

** *MN* se prononce seulement [n] dans *automne* [ɔtɔn], *condamner* [kõdane], *damner* [dane]. Le groupe [mn] est très rare en français.

*** *M final* ne représente la prononciation [m] que dans des mots savants ou étrangers :
album [albɔm], *maximum, minimum, rhum* [rɔm], *idem, macadam, Amsterdam, Jérusalem,* etc.

38.3. Exercice de transcription (Voir aussi voyelles nasales (6, 7, 8, 9, 10).

1. *Ma mère est charmée par la musique.*	1. ....
2. *Cette femme est toujours parfumée avec le même parfum.*	2. ....
3. *En automne, Marcel est dans une immense ferme.*	3. ....
4. *C'est une calomnie, il n'est pas condamné.*	4. ....
5. *Je vous emmène avec ma femme à Amsterdam.*	5. ....

39.1. Consonne [n] : Graphies N ou NN.

ang et fran - nasale n
eng - aevolar ? *et sonore*

La consonne [n] est toujours représentée par la graphie *N* ou *NN*, avec la distribution suivante :

GRAPHIE	TIMBRE	EXEMPLES DE DISTRIBUTION			
		Initiale	Médiale	Finale + E	Finale absolue
N	[n]	*ni, nu*	*énorme*	*mène*	Non prononcée (Voy. nasale) *on* [õ], *an* [ã], *temps*...
NN	[n]		*année*	*panne*	

39.2. Remarques.

La consonne [n] n'est jamais précédée d'une voyelle nasale à l'intérieur d'un même mot, sauf dans le cas du préfixe *EN* (ou anciens préfixes) tels que : *ennoblir* [ãnɔblir], *ennui* [ãnɥi] etc... (Voir voyelles nasales 6.1.). Exception : *ennemi* [ɛnmi]

La consonne graphique *N*, comme le *M*, indique la prononciation d'une voyelle nasale, devant consonne (sauf *n*), ou en finale. (Voir nasales 6.1).

Avec le préfixe *IN*, on peut avoir [nn] dans des mots comme : *inné* [inne]. La prononciation [n] final, est exceptionnellement représentée par la graphie -N, en finale absolue, dans quelques mots savants ou étrangers : *amen* [amɛn], *abdomen, cyclamen, dolmen, gluten, hymen, lichen* [likɛn], *pollen, spécimen, Pleven, Bergson, Cohen* [kɔɛn], *policeman* [pɔlisman]... Mais on prononce *Kremlin* [krɛmlɛ̃].

39.3. Exercice de transcription (Voir aussi voyelles nasales 6 à 10).

1. *Non, il n'est ni neutre ni nuisible.*
2. *Il est venu et il a emmené ce panier.*
3. *Je n'entends aucun son quand on sonne à la porte.*
4. *C'est un bon moyen et une bonne moyenne.*
5. *Je vous donne ce spécimen de lichen.*

1. ....
2. ....
   ....
3. ....
   ....
4. ....
   ....
5. ....

40.1. Consonne [ɲ]. Graphie GN.

Le son [ɲ] est toujours représenté par la graphie *GN*, selon la distribution suivante :

GRAPHIE	TIMBRE	EXEMPLE DE DISTRIBUTION			
		Initiale	Médiale	Finale + E	Finale absolue
GN	[ɲ]	*gnôle, gnon	*agneau*, [aɲo] *montagneux*	*montagne, Espagne*	

40.2. Remarques.

La graphie *GN* peut représenter le son [gn] dans certains mots savants tels que *gnome* [gnoːm], *diagnostic* [djagnɔstik], etc. (Voir [g] 29.4).

* A l'initiale le son [ɲ] n'existe que dans des mots populaires ou argotiques.

Le mot *oignon* se prononce [ɔɲɔ̃].

40.3. Consonne [ŋ]. Graphie NG.

Le son [ŋ] est un son emprunté au système consonantique de l'anglais. Il n'existe que dans des mots d'emprunt, en finale seulement, avec la graphie *NG* :

    meeting [mitiŋ], *smoking* [smɔkiŋ], *parking* [parkiŋ].

40.4. Exercice de transcription.

1. *Ses amis ne prennent pas d'anis ni de cognac.*
2. *Il cogne comme il peut, mais il gagne.*
3. *Voilà un agneau magnifique. Il vient d'Allemagne.*
4. *Agnès a gagné un voyage en Espagne.*
5. *Le hameau est entouré d'un anneau de verdure.*

1. ....
   ....
2. ....
3. ....
   ....
4. ....
5. ....
   ....

shampooins - exceptions

40.5. Problèmes.

1. Quelles sont les voyelles qui n'apparaissent généralement pas devant [n] et [m]? (38.2 et 39.2).

2. Dans quels cas la graphie *voyelle* + *n* ou *m* représente-t-elle une voyelle nasale?

3. Quelle est la graphie pour les sons [m], [n], [ɲ] en finale prononcée?

4. Les oppositions du type *bon-bonne, moyen-moyenne,* etc... ont un rôle important en français. Mais les oppositions du type *hameau – anneau – agneau* sont plus rares.

Ces oppositions ont-elles une fonction lexicale ou grammaticale, en général?

5. Quelle est la fréquence d'emploi du son [ɲ] (voir 23.1). Ce son est-il important dans le système des consonnes françaises? Pourquoi?

Il arrive que [ɲ] soit remplacé par [nj] et qu'on entende, pour *agneau* [anjo] au lieu de [aɲo]. Cela s'explique articulatoirement et acoustiquement par le fait que [ɲ] et [nj] sont des sons très voisins. Comment la confusion est-elle possible linguistiquement?

40.6. Phonémique.

Les consonnes /m/ – /n/ – /ɲ/ s'opposent pour distinguer des mots comme :

mes – nez; môle – gnôle; hameau – anneau – agneau; femme – fane et plus rarement des oppositions grammaticales du type :

on a dit – on m'a dit
[õnadi]   [õmadi]

III
LIAISONS

41.1. Définitions préliminaires de : Elision, Enchaînement et Liaison.

1º *Élision.*

Suppression, dans l'orthographe et dans la prononciation, d'une des voyelles [a], [ə], ou [i], devant un mot commençant par une voyelle ou un *h muet* :

> *la* + *amie* > *l'amie*; *la* + *hirondelle* > *l'hirondelle*
> *le* + *ami* > *l'ami*; *le* + *homme* > *l'homme*
> *si* + *il* > *s'il*; *que* + *elle* > *qu'elle*; *que* + *il* > *qu'il...*

2º *Enchaînement.*

La consonne finale d'un mot, si elle est prononcée, s'enchaîne avec la voyelle du mot suivant, à l'intérieur d'un même groupe rythmique :

> *une amie* [ynami].

Une consonne d'enchaînement ne change jamais de nature :

> *une grande* + *amie* > *une grande amie*; *un fils* + *ingrat* > *un fils ingrat*
>   [d]   [d]   [s]   [s]

Exception : le *f* de *neuf* devient *v* seulement devant *heures* et *ans* [nœvœːr] [nœvɑ̃].

3º *Liaison.*

La consonne finale d'un mot (écrite, mais non prononcée, devant consonne ou *h* aspiré), se prononce devant voyelle ou *h* muet. Par exemple : le mot *petit* se prononce de deux manières selon sa distribution :

Dans les exemples suivants, la liaison sera indiquée par le signe ‿

	SANS LIAISON		AVEC LIAISON	
En finale	+ Consonne	+ h aspiré	+ Voyelle	+ h muet
il est petit	*petit garçon*	*petit héros*	*petit enfant*	*petit homme*
[pti]	[ptigarsõ]	[ptiero]	[ptitɑ̃fɑ̃]	[ptitɔm]
ils sont petits	*petits garçons*	*petits héros*	*petits enfants*	*petits hommes*
[pti]	[ptigarsõ]	[ptiero]	[ptizɑ̃fɑ̃]	[ptizɔm]

41.2. Mécanisme de la liaison.

Les consonnes finales, c'est-à-dire, à la fin d'une syllabe accentuée ne se prononcent plus, en général, depuis le Moyen Age. D'où :

RÈGLE I : Pas de liaison après un mot accentué (fin du groupe rythmique) :

    Il est grand | aussi
    [ilɛgrɑ̃osi]

(2 idées : 2 accents : pas de liaison après *grand*) (l'accent sur *grand* ne veut pas dire pause ; *pas de liaison mais l'enchaînement vocalique subsiste*).

    Il est petit | et tu le sais   *C'est le premier | à venir*
    [ilɛptietylsɛ]   [sɛlprəmjeavni:r]
Il n'y a donc jamais de liaison après : virgule, point virgule, point.

Lorsqu'une consonne finale de mot s'est trouvée placée souvent à l'intérieur d'un groupe rythmique, elle a pu continuer à se prononcer dans cette position (inaccentuée par rapport à l'accent final du groupe rythmique. D'où :

RÈGLE II : Liaison d'un mot inaccentué à un mot accentué (intérieur du groupe rythmique)

    C'est un grand ami (3 mots inaccentués suivis d'un mot accentué)
    [sɛtœ̃grɑ̃tami]
    C'est en avion   *Ce sont leurs anciens autres amis...*
    [sɛtɑ̃navjɔ̃]   [səsɔ̃lœrzɑ̃sjɛ̃zotrəzami]

3º La fréquence de rencontre de deux mots ou catégories grammaticales de mots a déterminé, dans le cadre large des deux règles ci-dessus, 3 types essentiels de liaison :
Interdites : On ne les fait jamais dans la langue, quel que soit le style parlé :

    Ces | Hollandais | ont un appartement | en ville.

Obligatoires : On les fait toujours, quel que soit le style parlé :

    Mon ami et ses enfants rentrent chez eux.

Facultatives : On peut les faire ou non. Elles dépendent du style employé :

    Il faut | essayer | encore pendant | une minute.

— 119 —

41.3. Consonnes de liaison.

> Les seules consonnes de liaison fréquentes sont : [z], [t], [n].
> La liaison avec [r] n'est fréquente qu'avec quelques adjectifs comme : *léger, dernier, premier* (les seuls couramment employés). La liaison la plus fréquente est avec [z].

41.4. Remarques.

Dans les terminaisons - *RS* ou - *RT* on ne fait pas la liaison avec *S* ou *T* mais on fait *l'enchaînement* avec le *R* :

je dors encore [ʒdɔ.rɑ̃kɔ :r]   *il part à pied* [ilpa.rapje]

Mais on fait toujours la liaison avec le pronom personnel :

dort-il [dɔrtil]   *sort-elle* [sɔrtɛl]

On peut faire la liaison ou l'enchaînement avec *fort* et *toujours* :

fort agréable [fɔ.ragreabl]   *toujours utile* [tuʒu.rytil]
[fɔ.rtagreabl]   [tuʒu.rzytil]

La consonne [p] n'existe, dans la liaison, qu'avec les mots *trop* et *beaucoup*

trop aimable   *beaucoup aimé*
[tropɛmabl]   [bokupeme]

La consonne [k] n'existe que dans l'expression consacrée *sang impur* [sɑ̃kɛpy : r] de la Marseillaise. La liaison avec le mot *long* peut être [k] ou [g]. Elle est très rare.
Les liaisons avec [z] peuvent représenter les graphies s, x et z, les liaisons avec [t] peuvent représenter les graphies ᴛ et ᴅ (Voir 42.1).
La prononciation correspond toujours aux graphies pour [n] et [r] (Voir 42.1).

42.1. Liaisons obligatoires et équivalences graphiques.

Toutes les liaisons obligatoires dépendent de la règle II, (41.2), et peuvent être résumées ainsi :

Liaison obligatoire entre :

Un déterminant	+ un déterminé
Article, Adjectif, Auxiliaires, Pronoms (mots inaccentués)	Nom, Pronom, Formes pleines du Verbe (mots accentués)

Le tableau suivant montre les consonnes de liaison habituelles, avec la distribution graphique correspondante.

Timbre	Type graphique	Distribution graphique	
		Exemples de liaisons	Nature des mots de liaison
[z]	S	les amis [lezami] nos amis [nozami] vous avez [vuzave] quels amis [kɛlzami] très amis [trɛzami] petits amis [ptizami]	– prédéterminants du nom ou du pronom les, mes, tes, ses, des, ces nos, vos, leurs, autres vous, ils, elles quels, plusieurs, trois très, sous, sans, plus, moins – adj. qualificatifs pluriels, type : petits
	X	deux autres [døz o:tr] aux amis [ozami]	deux, six, dix aux
	Z	chez eux [ʃezø] prenez-en [prənezã]	chez – formes verbales à l'impératif
[t]	T	vient-elle [vjɛ̃tɛl] courent-ils [kurtil] petit enfant [ptitãfã] huit enfants [ɥitãfã] tout entier [tutãtje]	– formes verbales, 3ᵉ personne, singulier ou pluriel (inversions) – adjectifs – l'adverbe tout
	D	le prend-il [leprãtil] quand il pleut [kãtilplø] grand enfant [grãtãfã] second étage [səgõteta:ʒ]	– formes verbales, dans l'inversion – quand (conjonction) – adjectifs
[n]	N	un ami [œ̃nami] bien aimable [bjɛ̃nɛmabl] moyen âge [mwajɛna:ʒ]	– un, aucun, en, on bien, rien, mon, ton, son – adjectifs en [ɛ̃], type : moyen (dans ce cas [ɛ̃] devient [ɛ])
[r]	R	dernier étage [dɛrnjereta:ʒ]	– adjectifs seulement : premier, dernier, léger.

42.2. Effet de la liaison sur la voyelle précédente.

1º En général la liaison n'a pas d'effet sur la voyelle précédente. Comparez :

les – les amis;   vient – vient-il;   dernier – dernier étage

[le]   [lezami]   [vjɛ̃]   [vjɛ̃til]   [dɛrnje]   [dɛrnjereta:ʒ]*

un – un ami   en – en été   on – on a dit

[œ̃]   [œ̃nami]   [ɑ̃]   [ɑ̃nete]   [ɔ̃]   [ɔ̃nadi]

2º Mais la liaison entraîne la dénasalisation des voyelles suivantes :

[ɛ̃] devient [ɛ] dans la liaison avec tous les adjectifs★. Comparez :

moyen   moyen âge   moyenne
[mwajɛ̃] > [mwajɛnɑ:ʒ] = [mwajɛn]
certain   certain âge   certaine
[sɛrtɛ̃] > [sɛrtɛnɑ:ʒ] = [sɛrtɛn]

[ɔ̃] se dénasalise toujours dans la liaison du mot *bon*. Comparez :

bon ami [bɔnami] – bonne amie [bɔnami]
[ɔ̃] peut se *dénasaliser ou rester nasal* dans la liaison avec les seuls mots : *mon ton, son*. Comparez :

ton ami [tɔnami] ou [tɔ̃nami]

3º *Remarques.*

★ Dans le cas de la liaison avec [r] précédé de [e], comme dans *dernier étage*, si l'on peut entendre [dɛrnjɛreta3], avec un [ɛ] final, c'est parce que la voyelle [e] inaccentuée est moins fermée qu'en position accentuée (voir 13.1) et non à cause de la liaison.

★ Noter la dénasalisation exceptionnelle : *Divin Enfant* [divinɑ̃fɑ̃].

42.3. Exercice de transcription.

1. *Mes amis ont deux enfants; deux gar-çons.*   1. ....

2. *Prenez du pain. Prenez-en deux mor-ceaux.*   2. ....

3. *Leurs étudiants et leurs collègues sont là.*   3. ....

4. *Il vient. Vient-il en auto? Vient-elle aussi?*   4. ....

5. *Il y a un grand éléphant et une grande girafe.*   5. ....

42.4. Problèmes.

1. Donnez des exemples d'élison (41.1.1°) avec les mots : *aucune, une, autre, toute, que, chaque, la, le, certaine, si*. Quels sont les quatre seuls cas où la voyelle est supprimée *graphiquement* et remplacée par une apostrophe? Comparez les prononciations : *autre amie* [otrami] et *l'amie* [lami]; c'est le même phénomène phonétique malgré la différence de graphie.

2. Quels sont, parmi les exemples suivants, les cas d'enchaînement? (40.1.2°)

> *grande enfant; autre ami; neuf heures; neuf arbres; première idée; léger ennui; bonne idée; moyen âge; grand enfant; premier étage; légère averse; bon ami; moyenne allure.*

3. Quelles sont les consonnes qui ne correspondent plus aux graphies dans la liaison? (42.1). Donnez des exemples.

4. Transcrivez en phonétique les mots suivants, qui sont tous prononcés avec liaison :

> *des amis; deux amis; dix amis; trois amis; aux autres; chez elle; prenez-en; vas-y; donnes-en; grand ami; quand il pleut; dort-il; on a dit; un ami; dernier étage; premier enfant; léger ennui.*

5. L'opposition *masculin-féminin* est nettement marquée dans le cas de *un* [œ̃] – *une* [yn]. Au contraire, quel est l'effet de la dénasalisation dans les liaisons suivantes? Transcrivez en phonétique ces exemples :

> *certain ami – certaine amie; certain enfant – certaine enfant; soudain ami – soudaine amie.*

42.5. Phonémique.

La plupart des liaisons se font avec le son [z] et servent à marquer le *pluriel*. Les cas où l'opposition *singulier/pluriel* repose uniquement sur la liaison sont rares. Dans la plupart des cas le pluriel est déjà marqué par le changement de forme de l'article. Comparez :

il entre – ils entrent	/z/	une seule marque du pluriel.
/ilɑ̃:tr/ /ilzɑ̃:tr/		
l'ami – les amis	/ez/	deux marques du pluriel.
/lami/ /lezami/		
un ami – des amis	/dez/	trois marques du pluriel.
/œ̃nami/ /dezami/		

L'opposition /t/ – /d/ peut marquer la différence entre le *masculin* et le *féminin* (liaison/enchaînement)

> *grand enfant* [grɑ̃tɑ̃fɑ̃] – *grande enfant* [grɑ̃.dɑ̃fɑ̃]

Par contre la liaison en provoquant la dénasalisation *neutralise* certaines oppositions :

certain ami [sɛrtɛnami] – *certaine amie* [sɛrtɛnami]

Un autre rôle de la liaison semble celui d'assurer l'*intelligibilité*. Elle apparaît souvent dans des mots très courts, inaccentués, avant le verbe ou le nom :

est-elle,	*vient-il,*	*grand enfant,*	*on a ri...*
[ɛtɛl]	[vjẽtil]	[grãtãfã]	[õnari]

43.1. Liaisons interdites.

Dans les exemples suivants, la liaison interdite sera marquée par une barre oblique /. Une flèche indique un changement d'intonation ↗.

1° *L'absence de liaison marque une limite**

Pas de liaison entre deux groupes rythmiques :

*Souvent↗	il vient nous voir*	*Comment↗	arrive-t-il ?*
*Maintenant↗	il part*	*Quand↗	est-il venu ?*
*Alors↗	ils rentrent*	*Jean↗	est arrivé.*

Pas de liaison après la conjonction *et* (limite entre 2 mots ou 2 idées d'égale importance)

un pain et / un gâteau   *il va et / il vient*

Pas de liaison devant les mots suivants (à isoler pour une plus grande intelligibilité) : *oui, ah, oh, et toute citation.*

il dit / oui   *mais / oui*
des « ah » et des « oh »   *il a dit / « énorme » et non / « éléphantesque »*
(ou par nécessité expressive) :
il n'était pas / « innocent » mais plutôt / « anormal ».

Pas de liaison également devant : *huit, onze* et après *cent*

les / huit, les / onze   (Exceptions : *dix-huit, vingt-huit...*)
cent / un

Pas de liaison après les pronoms, *ils, elles, ou dans l'interrogation avec inversion, dans les formes verbales composées* du type :

vont-ils / arriver ?   *sont-ils / entrés ?*
vont-elles / écouter ?   *a-t-on / eu le temps ?*

Pas de liaison devant *h* aspiré (limite linguistique formelle traditionnelle)
(Voir h aspiré 44.1)

les / halles [leal]   *en / haut* [ão]
les / haches [leaʃ]   *des / haricots* [deariko]

2° *L'absence de liaison marque le singulier* (par rapport à une possibilité de liaison au pluriel), *après un substantif.*

Comparez les cas suivants :

Singulier : Pas de liaison	*Pluriel :* liaison *possible* (bien que non nécessaire)
enfant / adorable [ãfãadɔrabl]	*enfants adorables* [ãfãzadɔrabl]
prix / élevé [priɛlve]	*prix élevés* [prizɛlve]
appartement / à louer [apartəmãalwe]	*appartements à louer* [apartəmãzalwe]
bois / immense [bwaimmã:s]	*bois immenses* [bwazimmã:s]

3° Remarque. *et ll*

* Noter que l'absence de liaison si elle marque une limite linguistique n'équivaut pas pour autant à une limite phonétique du type arrêt brusque, ou *coup de glotte* (voir *Introduction à la phonétique corrective*). Dans un cas comme *et alors* [ealɔ:r] il n'y a plus de liaison mais il y a une transition sans heurt entre les voyelles en contact. S'il y a une limite phonétique elle est essentiellement intonative (voir *Exercices systématiques*).

43.2. Exercice de transcription.

1. *Maintenant il est là. Mais oui. Bon alors.*   1. ....
2. *Alors êtes-vous prêt? Le temps est beau.*   2. ....
3. *Il dit : « Ah! quelle enfant adorable! »*   3. ....
4. *Quand a-t-on eu la nouvelle?*   4. ....
5. *Et il y a des haricots et un gigot.*   5. ....

43.3. Problèmes.

1. En général, quel est le rôle de l'absence de liaison? Donnez des exemples. Notez l'intonation. (Voir 1.16). *Marque une limite des GR*

2. Comparez les prononciations suivantes :

   et il partit – est-il parti?
   [eilparti]   [etilparti]

Quel est, dans ce cas, le rôle de l'absence de liaison après *et*?

3. Rencontre-t-on beaucoup de cas où la liaison après z est interdite?

4. Transcrivez : *des héros – des zéros; en haut – en eau.* Quel est ici le rôle de l'absence de liaison? Y a-t-il beaucoup d'oppositions de ce genre en français? Est-il

liaisons marque le lexique

étonnant alors que dans les mots courants l'usage *populaire* tende à faire la liaison après *des* même devant *h* « *aspiré* » et qu'on entende : *des haricots* [dezariko]?

5. L'absence de liaison et l'intonation distinguent des groupes comme *quand arrive l'hiver ?* [kɑ̃ ↗ ari.vlivɛːr] de *quand arrive l'hiver* [kɑ̃tari.vlivɛːr]. Quelle est la différence de nature entre les deux *quand*, dans ce cas?

6. Transcrivez en phonétique les exemples suivants.

> *Quels ouvrages lit-il ? Ils sont très amis. Vont-ils arriver ? On a ri. A-t-on entendu ? Elles écoutent. Vont-elles écouter ? Un petit enfant. Un enfant adorable. Le temps est couvert. J'en arrive. Jean arrive. Quand a lieu cette fête ? Quand a lieu cette fête, on en parle longtemps. Souvent il pleut. Vous êtes bien aimable. C'est un bon ami. Il habite au premier étage. Prend-il des haricots ? Prenez-en un. Prenez-en encore. Donnez-en à Paul.*

7. Expliquez pourquoi la liaison est obligatoire dans : *bien utile, rien à faire* mais interdite dans : *je sais bien / où il va, il ne demande rien / avant de partir*.

43.4. Phonémique.

L'absence de liaison a une *fonction démarcative* en français. Elle sert à mieux délimiter les groupes ou les mots.

L'absence de liaison peut également servir à *opposer le singulier au pluriel*, dans le cas rare, de formes isolées : *enfant / adorable – enfants adorables*.

Elle peut servir à distinguer un adjectif d'un substantif (cas rare également) :
savant / aveugle – *savant* aveugle (liaison)
(substantif)   (adjectif)

Elle peut servir enfin à distinguer quelques mots avec ou sans *h aspiré :* (voir 42.7) :

des / héros – *des zéros*	*les hauteurs – les auteurs*
/deero/ /dezero/	/leotœːr/ /lezotœːr/
en / haut – *en eau*	*les Huns – les uns*
/ɑ̃o/ /ɑ̃no/	/leœ̃/ /lezœ̃/

43.5. Groupes figés.

Certains groupes, consacrés par l'usage, se prononcent toujours de la même façon : toujours avec liaison ou toujours sans liaison :

1º Avec liaison obligatoire

Avec [z]

de plus en plus	*sous-entendu*
de moins en moins	*Etats-Unis*
de temps à autre	*Champs-Elysées*
de mieux en mieux	*Ponts-et-Chaussées*
sous-officier	*Arts-et-Métiers*

---

tout à coup	du tout au tout	avant hier
tout à fait	c'est-à-dire	comment allez-vous
tout à l'heure	petit à petit	il était une fois
tout au moins	nuit et jour	du haut en bas
tout au plus	accent aigu	pot au lait

2° Avec liaison interdite

Avec [z]		Avec [t]	Avec [n]
	Et tous les pluriels	du nord / au sud	bon / à rien
nez / à nez	des noms composés :	de part / en part	
riz-au lait	salles / à manger	chaud / et froid	
corps / à corps	fers / à repasser...	à tort / et à travers	

44.1. H aspiré. Rôle dans la liaison.

Le *H aspiré* ne se prononce jamais en français standard mais sa présence entraîne deux phénomènes phonétiques :

1° Pas de liaison devant h aspiré :

les halles, en haut, des héros
[leal]   [ão]   [deero]

2° Pas d'élision vocalique devant h aspiré :

le hall, la Hollande, ce héros, un mètre de haut
[lɔo:l] [laɔlã:d]   [sɔero]   [œ̃mɛtrədəo]

Remarque. L'enchaînement vocalique se fait toujours à l'intérieur du groupe rythmique, même en l'absence de liaison (sauf cas d'expressivité).

44.2. Liste des mots les plus courants avec H aspiré.

la hache [laaʃ]	le hamac [lɔamak]	hardi [ardi]
la haie [laɛ]	le hameau [lɔamo]	le harem [lɔarɛm]
la haine [laɛn]	la hanche [laã:ʃ]	le hareng [lɔarã]
haïr [ai:r]	le handicap [lɔãdikap]	le haricot [lɔariko]
en haillons [ãajõ]	le hangar [lɔãga:r]	la harpe [laarp]
le hâle [lɔɑ:l]	hanter [ãte]	le harpon [lɔarpõ]
le hall [lɔo:l]	happer [ape]	le hasard [lɔaza:r]
les halles [leal]	harasser [arase]	la hâte [laɑ:t]
le halo [lɔalo]	harceler [arsəle]	la hausse [lao:s]

le haut [lǝo]   la hiérarchie [lajerarʃi]   la hotte [laɔt]
la hauteur [laotœ:r]   hocher [ɔʃe] *mark(youlait)*   la houille [lauj]
le haut bois [lǝobwa]   la Hollande [laɔlɑ̃:d]   la housse [laus]
Le Havre [lǝa:vr]   le Hollandais [lɔɔlɑ̃dɛ]   le hublot [lǝyblo]
hérisser [erise]   la Hollandaise [laɔlɑ̃dɛ:z]   huer [ɥe]
la hernie [laɛrni]   *lob^(ster)* le homard [lǝɔma:r] le huguenot [lǝygno]
le héros [lǝero]   la Hongrie [laɔ̃gri]   Les Huns [leœ̃]
le héron [lǝerɔ̃]   le Hongrois [lǝɔ̃grwa]   le huitième [lǝɥitjɛm]
la herse [laɛrs]   la Hongroise [laɔ̃grwa:z]   hurler [yrle]
le hêtre [lǝɛtr]   la honte [laɔ̃:t]   le hurlement [lǝyrlǝmɑ̃]
heurter [œrte]   honteux [ɔ̃tø]   le hussard [lǝysa:r]
le hibou [lǝibu] *owl*   hors de [ɔrdǝ]
hideux [idø]   le hors-d'œuvre [lɔɔrdœ:vr]

44.3. Remarques.

H est muet dans les mots suivants :

un hameçon,   une haleine,   une héroïne,   c'est héroïque,   un hiatus,   un huissier,
[œ̃namsɔ̃]   [ynalɛn]   [y. nerɔin]   [seterɔik]   [œ̃njatys]   [œ̃nɥisje]

ainsi que dans *dix-huit* et *vingt-huit*
              [dizɥit]   [vɛ̃tɥit]

Le H est aspiré dans le mot : *dehors,* c'est pourquoi on ne supprime jamais l'*E caduc* dans ce
                              [dǝɔ:r]

mot.

44.4. Exercice de transcription phonétique.

1. *Nos amis, les Hongrois, habitent près*   1. ....
   des Halles.   ....
2. *Les Hollandais sont déjà en haut.*   2. ....
3. *Votre glace fond en eau, en haut.*   3. ....
4. *Les uns étaient les Huns, les autres les*   4. ....
   Francs.
5. *Prenez du homard après les hors-*   5. ....
   d'œuvre.   ....

44.5. Problèmes.

1° Retrouvez les graphies des mots suivants :

[ɑ̃o] – [ɑ̃no]; [leotœ:r] – [lezotœ:r]; [leero] – [lezero]; [leɛtr] – [lezɛtr]; [lǝo] – [lo];
[laotœ:r] – [lotœ:r]; [leero] – [lezero]; [lǝɛtr] – [lɛtr]; [leœ̃] – [lezœ̃].

2° Prononce-t-on le H aspiré? Quel est son rôle?

44.6. Phonémique.

Le *H* « *aspiré* » qui n'est plus prononcé — sauf dialectalement ou dans des cas d'emphase archaïque, exceptionnels — est une anomalie dans le système de la langue. La tendance populaire à dire de*s* *h*aricots [dezariko] est normale. Il n'y a que peu de cas où le *h* « *aspiré* », en évitant la liaison et l'élision, permet de différencier des formes autrement homophones telles que :

> *le hêtre – l'être; les hêtres – les êtres; la hauteur – l'auteur; les hauteurs – les auteurs; le Hun – l'un; les Huns – les uns...*

45.1. Liaisons facultatives.

Dans les exemples suivants la liaison facultative sera indiquée par le signe /.

1° *Liaisons peu fréquentes* (ou en voie de disparition) dans la conversation familière, mais normales dans un style soigné.

Après tous les adverbes.

> Ex. : *vraiment / adorable, assez / utile, mais / il vient, trop / intelligent, après / une minute, il n'est pas / ici, ça n'est pas / utile, pas / amusant, c'est plus / original...*

Exceptions : *très* et *quand* (adverbes de temps) après lesquels la liaison est obligatoire, et *alors*, adverbe après lequel la liaison est interdite.

Après quelques prépositions : *après, avant, depuis, durant, pendant* et *suivant*.

> Ex. : *depuis / un an, suivant / un processus...*

Après toutes les formes verbales, auxiliaires et semi-auxiliaires (sauf avec les pronoms personnels pour lesquels la liaison reste obligatoire : *avait-il...*)

> Ex. : *J'y suis / allé,*
>
> *Je vais / aller au théâtre,*
>
> *Il doit / aller au théâtre...*

2° *Liaisons anormales* dans le style parlé mais possibles dans un style recherché.

Après les noms au pluriel (à l'intérieur d'un groupe rythmique, ou tout au moins après un nom faiblement accentué).

> Ex. : *des enfants / adorables,*
>
> *des prix / élevés,*
>
> *des appartements / à vendre.*

Après les formes verbales (autres que les auxiliaires ou semi-auxiliaires, si elles sont faiblement accentuées. La liaison après un *infinitif* est réservée au style poétique).

Ex. : *il habitait | à la campagne,*

ils en parlaient | avec leurs amis

Aller au pays (affecté)

ou

Aimer et mourir (poétique)

45.2. Liaison facultative et style.

1º Conversation familière : Tendance moderne à faire le moins de liaisons possible :
Je vais | aller | aussi voir des films | anciens, qui ne sont pas | amusants.

2º Conversation soignée : Tendance à lier les mots vraiment peu accentués aux mots plus accentués.
Je vais aller | aussi voir des films | anciens, qui ne sont pas amusants.

3º Style oratoire : Tendance à lier même les mots accentués (sauf après une pause évidente; la liaison après un infinitif est également rare) :
Je vais aller | aussi voir des films anciens, qui ne sont pas amusants.

4º Style poétique : Tendance à tout lier, (sauf s'il en résulte une impression de cacophonie) :
Je vais aller aussi voir des films anciens, qui ne sont pas amusants.

« *Le temps a laissé son manteau...* » (Ch. d'Orléans). « *... une nuit éternelle* » (Racine, *Andromaque;* diction Comédie Française). « *Aimer à loisir, Aimer et mourir...* » (Beaudelaire, *l'Invitation au Voyage*).

Mais on évite des liaisons comme : *Avez-vous | osé...* (suite de *z* désagréable à l'oreille).

45.3. Remarque.

Dans un style soigné, on tend à garder la liaison après un auxiliaire : *je suis allé, il est allé, il est important* de...

45.4. Exercice de transcription phonétique. (Noter les deux possibilités.)

1. *Mais elle allait au théâtre après avoir dîné.*   1. ....
....

2. *Je ne sais pas encore si c'est assez important.*   2. ....
....

3. *Ils restaient assis pendant une heure.*   3. ....

4. *Je suis allé voir des films intéressants.*   4. ....

5. *C'est vraiment inutile depuis un an.*   5. ....

45.5. Problèmes.

1. Indiquez les deux façons de prononcer les groupes suivants :

C'est vraiment admirable. Mais il n'est pas ici. Il arrive dans une ou deux minutes. C'est beaucoup plus amusant. Ça n'est pas interdit. Il attend depuis une heure. Vous êtes allé avec lui. Je dois y aller aussi. Il doit en prendre. Ce sont des enfants adorables. Il venait à six heures.

2. La suppression de la liaison va avec celle de l'*E* instable. On dira soit :

Je suis étonné   soit   *Je suis étonné*
[ʒəsɥizetɔne]   [ʒsɥietɔne] ou [ʃsɥietɔne]

une forme intermédiaire est plus rare. Prononcez selon ces deux modèles les formes suivantes et transcrivez-les en phonétique.

Je suis en colère. Je dois en avoir. Je vais y aller. Je suis à coté. Je fais un résumé. Je dois être là. Je vais y assister.

3. Transcrivez en phonétique :

Il est ailleurs – il est tailleur; il est ami – un tamis; c'est axé – c'est taxé; il est assez... – il est tassé; il est bien numide – il est bien humide; il est ouvert – il est tout vert; trop osé – trop posé; une tante à Sion – une tentation; les vêtements sacerdotaux – ça sert d'auto.

45.6. Phonémique et tendances phonétiques.

Dans certains cas d'ambiguïté, la faculté de supprimer ou non une liaison peut avoir un rôle phonémique :

Il est / ouvert peut s'opposer à : *Il est tout vert.*

Mais ces cas sont très rares et la liaison facultative a surtout une valeur *stylistique*.

La tendance normale de la langue est de supprimer la liaison pour des raisons d'économie linguistique. Il y a toujours deux chances sur trois pour ne pas prononcer une consonne finale comme le *s* de *pas;* en finale : *je ne sais pas;* devant consonne : *pas de pain.* Dans le troisième cas, devant voyelle, la force analogique risque fort d'entraîner : *pas / encore* au lieu de *pas* [z] *encore.* Et, souvent, l'accentuation expressive facilite encore l'absence de liaison : *Il n'est pas / amusant.*

Si on fait la liaison dans un cas où elle était facultative, on indique une certaine recherche. La liaison devient alors un signe social, qui classe ou déclasse. Sa fonction peut être comparée à celle de l'E caduc en prose et en poésie. L'élimination de toutes les liaisons produit un effet familier, populaire ou vulgaire. L'accumulation des liaisons produit un effet emphatique qui peut aller jusqu'à l'affectation (voir : « Phonostylistique « dans *Laboratoire de Langues et correction phonétique* et dans *Essais de phonostylistique*).

IV

MOTS SPÉCIAUX

PRONONCIATION DES CHIFFRES

46.1. Chiffres de 1 à 10.

CHIFFRE	PRONONCIATION DEVANT VOYELLE	PRONONCIATION DEVANT CONSONNE	PRONONCIATION EN FINALE
1	[œ̃n] (masculin) [yn] (féminin) *un ami, une amie* [œ̃nami] [ynami]	[œ̃] (masculin) [yn] (féminin) *un Français, une Française* [œ̃frɑ̃sɛ] [ynfrɑ̃sɛːz]	[œ̃] (masculin) [yn] (féminin) *j'en ai un, une* [ʒɑ̃neœ̃] [yn]
2	[døz] *deux amis* [døzami]	[dø] *deux Français* [døfrɑ̃sɛ]	[dø] *j'en ai deux* [ʒɑ̃nedø]
3	[trwaz] *trois amis* [trwazami]	[trwa] *trois Français* trwafrɑ̃sɛ]	[trwa] *j'en ai trois* [ʒɑ̃netrwa]
4	[katr] *quatre amis* [katrami]	[katr] ou [kat] (familier) *quatre Français* [katrəfrɑ̃sɛ] ou [katfrɑ̃sɛ]	[katr] ou [kat] (fam.) *j'en ai quatre* [ʒɑ̃nekatr] ou [ʒɑ̃nekat]
5	[sɛ̃ːk] *cinq amis* [sɛ̃.kami]	[sɛ̃] *cinq Français* [sɛ̃frɑ̃sɛ]	[sɛ̃ːk] *j'en ai cinq* [ʒɑ̃nesɛ̃ːk]
6	[siz] *six amis* [sizami]	[si] *six Français* [sifrɑ̃sɛ]	[sis] *j'en ai six* [ʒɑ̃nesis]
7	[sɛt] *sept amis* [sɛtami]	[sɛt] *sept Français* [sɛtfrɑ̃sɛ]	[sɛt] *j'en ai sept* [ʒɑ̃nesɛt]
8	[ɥit] *huit amis* [ɥitami]	[ɥi] *huit Français* [ɥifrɑ̃sɛ]	[ɥit] *j'en ai huit* [ʒɑ̃neɥit]

Chiffre	Prononciation devant voyelle	Prononciation devant consonne	Prononciation en finale
9	[nœf] *neuf amis* [nœfami] Exceptions : [nœv] avec les mots *heures* et *ans* *neuf heures, neuf ans* [nœvœ:r] [nœvɑ̃]	[nœf] *neuf Français* [nœffrɑ̃sɛ]	[nœf] *j'en ai neuf* [ʒɑ̃nenœf]
10	[diz] *dix amis* [dizami]	[di] *dix Français* [difrɑ̃sɛ]	[dis] *j'en ai dix* [ʒɑ̃nedis]

46.2. Remarques.

Les chiffres 7, 8, 9, suivent les mêmes règles que ci-dessus, lorsqu'ils entrent dans la composition d'autres chiffres :

    vingt-sept [vɛ̃tsɛt]   *sept-cent...* [sɛtsɑ̃]

(Pour les dates, voir 46.5.)

46.3. Exercice de transcription phonétique.

1. *Vous avez un enfant. C'est une fille ?*   1. ....

2. *Voilà les deux amis de mes deux frères.*   2. ....

3. *Il m'a prêté trois ou quatre livres.*   3. ....

4. *Ils arrivent tous les cinq, à cinq heures.*   4. ....

5. *J'ai cinq livres sur ma table.*   5. ....

6. *Je le verrai à six heures, le six avril.*   6. ....

7. *Il a sept ou huit ans et moi dix-sept.*   7. ....

8. *Vous avez neuf enfants; ils arriveront le neuf, à neuf heures.*   8. ....

9. *Prenez les dix livres de vos dix amis.*   9. ....

10. *J'en ai huit et toi tu en as dix.*   10. ....

46.4. Chiffres de 20 à 100.

20	80

Vingt + Voyelle = [t] se prononce (liaison) :
 	
    Ex. : *vingt enfants*
        [vɛ̃tɑ̃fɑ̃]
 	
    vingt hommes...
    [vɛ̃tɔm]
	Quatre-vingts + Voyelle *S* se prononce [z] (liaison) :
	
	    Ex. : *quatre-vingts enfants*
	        [katrəvɛ̃zɑ̃fɑ̃]
	
	    quatre-vingts hommes...
	    [katrəvɛ̃zɔm]

Vingt + Consonne = [t] ne se prononce pas :
 	
    Ex. : *vingt livres*
        [vɛ̃liːvr]
	Quatre-vingts + Consonne = [t] ne se prononce pas :
	
	    Ex. : *quatre-vingts pommes*
	        [katrəvɛ̃pɔm]

Vingt + un autre chiffre = [t] se prononce :
 	
    Ex. : *vingt-deux*
        [vɛ̃tdø]
 	
    vingt-trois
    [vɛ̃ttrwa]
 	
    vingt-quatre
    [vɛ̃tkatr]
 	
    vingt-cinq
    [vɛ̃tsɛ̃ːk]
 	
    vingt-huit...
    [vɛ̃tɥit]
	Quatre-vingt + un autre chiffre = [t] ne se prononce pas :
	
	    Ex. : *quatre-vingt-un*
	        [katrəvɛ̃œ̃]
	
	    quatre-vingt-deux
	    [katrəvɛ̃dø]
	
	    quatre-vingt-trois
	    [katrəvɛ̃trwɑ]
	
	    quatre-vingt-huit
	    [katrəvɛ̃ɥit]
	
	    quatre-vingt-onze...
	    [katrəvɛ̃õːz]

Vingt en finale
    [vɛ̃]
	Quatre-vingts en finale
	    [katrəvɛ̃]

100	

Cent + Voyelle = liaison : [z] ou [t]
 	
    Ex. : *cent enfants*
        [sɑ̃tɑ̃fɑ̃]
 	
    cent hommes
    [sɑ̃tɔm]
	Cent + un autre chiffre = [t] non prononcé (pas de liaison)
	
	    Ex. : *cent un*
	        [sɑ̃œ̃]
	
	    cent deux
	    [sɑ̃dø]

deux cents enfants [døsãzãfã] *deux cents hommes...* [døsãzɔm]	*cent huit* [sãɥit] *cent onze...* [sãõ:z]

Cent + Consonne = [t] non prononcé
(pas de liaison) :
    Ex. : *cent pommes*
      [sãpɔm]
 	
    deux cents pommes
    [døsãpɔm]
	Cent en finale :
	    [sã]
	  Ex. : *En voilà cent*
	    [ãvwalasã]

46.5. Dates.

Dans les dates, il y a une tendance à prononcer la consonne finale du nombre, même si elle se trouve devant une consonne :

le cinq septembre, le huit mai...
[lə sɛ̃.ksɛptã:br] [ləɥitmɛ]

Devant voyelle on a tendance à éviter la liaison :

le six avril, le trois octobre, le deux août, le dix avril,
[ləsisavril] [lətrwɑɔktɔbr] [lədøu]   [ədisavril]

le vingt octobre, le vingt-trois août...
[ləvɛ̃ɔktɔbr]   [ləvɛ̃ttrwau]

46.6. Exercice de transcription phonétique.

1. *Vingt hommes sont ici. Il y en a vingt à coté.*
   1. ....
   ....

2. *Elle a vingt-huit ans. J'en ai vingt.*
   2. ....

3. *Ces quatre-vingts personnes ont eu quatre-vingts ans le vingt octobre.*
   3. ....
   ....

4. *Il y aura quatre-vingt-onze ans qu'il est mort.*
   4. ....
   ....

5. *Depuis cent jours, les deux cents ouvriers sont en grève.*
   5. ....

6. *Il me reste une pièce de cent francs.*
   6. ....

7. *Le cent huit, le cent onze, le vingt-trois et le cinquante-sept gagnent.*
   7. ....
   ....

8. *Les numéros terminés par dix-sept,* 8. ··
dix-huit et vingt-neuf perdent. ··

9. *Les onze premiers et les huit derniers* 9. ··
sortent. ··

10. *Il sera là du cinq septembre au* 10. ··
huit mai. ··

MOTS ÉTRANGERS

47.1. Noms de ville.

Les noms suivants sont complètement francisés : leur prononciation est conforme à l'orthographe française.

Alger [alʒe]	*Buenos-Aires* [bɥenozɛ:r]	*Madrid* [madrid]	*Shanghaï* [ʃɑ̃gaj]
Amsterdam [amstɛrdam]	*Calcutta* [kalkyta]	*Maringo* [marɛ̃go]	*San-Francisco* [sɑ̃frɑ̃sisko]
Ankara [ɑ̃kara]	*Copenhague* [kɔpɛnag]	*Mexico* [mɛksiko]	*Sofia* [sɔfja]
Anvers [ɑ̃vɛ:r]	*Dakar* [daka:r]	*Moscou* [mɔsku]	*Stockholm* [stɔkɔlm]
Athènes [atɛn]	*Damas* [dama:s]	*Nankin* [nɑ̃kɛ̃]	*Suez* [sɥɛ:z]
Austerlitz [ɔstɛrlitz]	*Edinbourg* [edɛ̃bu:r]	*New-York* [nujɔrk]	*Tel Aviv* [tɛlavi:v]
Belgrade [bɛlgrad]	*Fez* [fɛ:z]	*Oslo* [ɔslo]	*Toronto* [tɔrõto]
Berlin [bɛrlɛ̃]	*Hanoï* [anɔj]	*Ottawa* [ɔtawa]	*Tunis* [tynis]
Beyrouth [bɛrut]	*Hollywood* [ɔliwud]	*Oxford* [ɔksfɔrd]	*Varsovie* [varsɔvi]
Bombay [bõbɛ]	*La Haye* [laɛ]	*Pékin* [pekɛ̃]	*Vienne* [vjɛn]
Bruxelles [brysɛl]	*Léningrad* [leningrad]	*Pompéi* [põpei]	*Waterloo* [watɛrlo]
Bucarest [bykarɛst]	*Lisbonne* [lisbɔn]	*Rome* [rɔm]	*Yokohama* [jɔkoama]
Budapest [bydapɛst]	*Londres* [lõ:dr]	*Saigon* [saigõ]	*York* [jɔrk]

Les noms canadiens français se prononcent à la française :

Montréal, Québec, Trois-Rivières, Chicoutimi, Joliette...
[mõreal] [kebɛk] [trwarivjɛ:r] [ʃikutimi] [ʒɔljɛt]

Remarque.

Certains noms de ville étrangers commencent à se prononcer selon la phonétique de leur pays d'origine sous l'influence de la radio. On prononçait autrefois *Boston* [bɔstõ] mais on entend de plus en plus [bɔstɔn] et parfois même [bɔstən] avec accent sur la première syllabe. Cependant, les noms cités dans le tableau ci-dessus semblent solidement fixés avec la prononciation qu'on a notée.

47.2. Noms communs.

La plupart des noms étrangers en usage sont adaptés au système phonique français (accent sur la dernière voyelle prononcée; chaque phonème étranger est remplacé par le phonème français le plus ressemblant).

Ce sont des mots généralement récents et très répandus :

Basket-ball [baskɛtbo:l]	*cocktail* (ou *coquetèle*) [kɔktɛl]	*nurse* [nœrs]	*steack* [stɛk]
best-seller [bɛstsɛlœ:r]	*flirt* [flœrt]	*parking* [parkiŋ]	*speaker* [spikœ:r]
bluff [blœf]	*foot-ball* [futbo:l]	*pick-up* [pikœp]	*spoutnik* [sputnik]
bulldozer [byldɔzɛ:r]	*footing* [futiŋ]	*pin-up* [pinœp]	*sprinter* (nom) [sprintœ:r]
bus [bys]	*gaucho* [gotʃo]	*reich* [rɛʃ]	*sprinter* (verbe) [sprinte]
business [biznɛs]	*humour* [ymu:r]	*reporter* [rəpɔrtɛ:r]	*star* [sta:r]
cake [kɛ:k]	*hold-up* [ɔldœp]	*revolver* [revɔlvɛ:r]	*suspense* [syspã:s]
catch [katʃ]	*interview* [ɛ̃tɛrvju]	*rugby* [rygbi]	*sweater* [swɛtœ:r]
camping [kãpiŋ]	*jazz* [dʒa:z]	*round* [rund]	*tramway* [tramwɛ]
clown [klun]	*leader* [lidœ:r]	*smoking* [smɔkiŋ]	*trolley* [trɔlɛ]
club [klœb]	*match* [matʃ]	*snack-bar* [snakba:r]	*turf* [tyrf]
ciné-club [sineklœb]	*meeting* [mitiŋ]	*square* [skwa:r]	*waters* [watɛ:r]

cow-boy	music-hall	steamer	whisky
[kɔbɔj]	[myziko:l]	[stimœ:r]	[wiski]

Remarque.

Certains mots très récents ont une prononciation imitée (avec plus ou moins de succès), de la prononciation étrangère d'origine.

NOMS PROPRES

47.3. Mots français ou étrangers présentant des difficultés.

Anouilh	*Freud*	*Michel-Ange*	*Rembrandt*
[anuj]	[frœ(j)d]	[mikɛlɑ̃:ʒ]	[rɑ̃brɑ̃]
Beethoven	*Goethe*	*Newton*	*George Sand*
[betɔvɛn]	[gø:t]	[njutɔn]	[ʒɔrʒəsɑ̃:d]
Bergson	*Hoffmann*	*Rubens*	*Stendhal*
[bɛrgsɔn]	[ɔfman]	[rybɛ̃:s]	[stɛ̃dal]
Berlioz	*Huysmans*	*Schiller*	*Mme de Staël*
[bɛrljo:z]	[ɥismɑ̃:s]	[ʃilɛ:r]	[madamdəsta:l]
Don Juan	*Kant*	*Schumann*	*Villon*
[dõʒɥɑ̃]	[kɑ̃:t]	[ʃuman]	[vijõ]
J. Du bellay	*Maeterlinck*	*Cardinal de Retz*	*Washington*
[ʒɔaʃɛ̃dybɛlɛ]	[metɛrlɛ̃:k]	[kardinaldərɛ]	[waʃiɲtɔn]
Goya	*Loyola*	*Tolstoï*	*Watteau*
[gɔja]	[lɔjɔla]	[tɔlstɔj]	[vato]

47.4. Exercice de transcription phonétique.

La brillante constellation des grands écrivains qui se sont imposés au lendemain de la guerre assure, durant les années 30, la relève des maîtres : Lacretelle, Roger Martin du Gard, Duhamel, Jules Romains, Chardonne, Maurois, Giraudoux, Mauriac, Bernanos, Montherlant, Aragon ne sont pas inégaux à cette fonction de maîtres à l'heure où, devant eux, Gide, Maurras, Claudel et Valéry sont aspirés par le pontificat.

Pierre-Henri Simon, *Histoire de la littérature française.*

V

EXERCICES SUPPLÉMENTAIRES
DE TRANSCRIPTION PHONÉTIQUE

La clé de ces exercices se trouve à la suite des clés des exercices donnés dans chacune des leçons (Voir pp. 160-170). L'intonation des fins de groupes sera indiquée par une flèche montante ou descendante. Les groupes rythmiques des *incises* (marquant une idée incidente, souvent non nécessaire à la compréhension du reste de la phrase), sont notés par des parenthèses indiquant le début et la fin de l'incise, dont la ligne mélodique générale est plus basse que le reste de la phrase. Les pauses importantes sont notées par une barre verticale | ; les finales par 2 barres ||.

48.1. Style de la lecture d'un texte littéraire.

L'articulation est tendue, soignée; les nuances intonatives nettement marquées; le rythme souligné, au besoin, par un plus grand nombre de pauses; les liaisons et les E caducs sont plus nombreux que dans le style parlé.

Le bonheur! Sans doute il a mis quelquefois sa main sur leurs yeux, il avait un visage il tenait tout entier dans le regard mystérieux sur lequel leur front se penchait, il avait sa densité, son poids, et c'était le poids d'une tête contre leur épaule. Et puis il n'était plus là... Et qu'est-ce que le bonheur qui n'est pas toujours là?
Il est cinq heures. La marée a recouvert les bancs de sable. La mer est d'un vert plus pâle là où ont disparu les dos fauves des dieux. Le soleil déclinant dessine à la surface des eaux un éventail immense de clarté. Ce mot me revient que j'ai lu dans Le Soulier de Satin *« Il n'y a rien pour quoi l'homme soit moins fait que pour le bonheur et dont il se lasse aussi vite... »*

François Mauriac, Journal

48.2. Autre exemple de style littéraire.

Ce texte a les mêmes caractéristiques que le texte précédent mais avec une plus grande simplicité dans la syntaxe, donc dans l'intonation.

Cette nuit, tout le village est sous la lune. Il gèle. Les chemins sont comme du fer. Nous étions rentrés les uns et les autres nous coucher. C'était fait. Un grand silence. Nous entendions bouger nos pensées dans nos têtes. Elles étaient exactement comme des oiseaux : à chaque mouvement elles déployaient de grandes ailes pleines de couleur. C'était avant le sommeil. Nous avions les yeux fermés. Nous étions étendus raides comme des morts sous les draps glacés. Nous nous laissions chauffer peu à peu par notre propre chaleur. Moi, je pensais à cette Déméter Eleusinienne que tous les montagnards méditerranéens adoraient.

Jean Giono, Les vraies richesses.

48.3. Style de la lecture courante.

Les textes suivants (48.3, 48.4, 48.5), sont écrits dans une prose technique, qui doit être lue avec soin mais sans recherche. L'intonation est généralement plus neutre que dans les textes précédents; il n'y a pas d'effets littéraires à produire. Cependant, pour les besoins de la démonstration, on peut employer un certain nombre de procédés *démarcatifs* : arrêts, attaques nettes, montées intonatives assez brusques, etc... Ainsi, par exemple, dans le texte 48.5, le mot *savante*, qui est entre guillemets, doit être mis en évidence par un arrêt léger mais net avant de le prononcer. La prononciation de ce mot même sera soulignée par une articulation plus forte. (Pour une analyse de ces phénomènes, voir *Introduction à la phonétique corrective* et *Essais de phonostylistique*)

Électrolyses avec réactions secondaires. — Les phénomènes d'électrolyse sont rarement aussi simples que dans le cas du chlorure de sodium fondu. Le plus souvent, les ions agissent sur le solvant ou sur les électrodes et on recueille les produits de ces réactions secondaires. (...)
Électrolyse d'une solution d'acide sulfurique avec électrodes en platine. — *On recueille de l'hydrogène à la cathode et de l'oxygène à l'anode et cette expérience réalise la décomposition de l'eau en ces éléments.*

Georges Eve, (Physique).

48.4. Lecture courante.

La génération impressionniste est née entre 1830 et 1841 : Pissaro l'aîné en 1830, Manet en 1832, Degas en 1834, Cézanne et Sisley en 1839, Monet en 1840, Renoir, Guillaumin et Berthe Morisot en 1841. Venus d'horizons différents, ces jeunes novateurs se rencontrent à Paris vers 1860 — à l'Académie Suisse : Pissaro, Cézanne, Guillaumin; et à l'Atelier Gleyre : Monet, Renoir, Sisley — dont ils s'échappent bientôt pour gagner la forêt de Fontainebleau d'abord, (...) puis les plages de la Manche (...).

Fernand Hazand, Dictionnaire de la Peinture Moderne.

48.5. Lecture courante.

L'orthographe actuellement enseignée n'est pas une orthographe « traditionnelle ». Elle est le compromis que l'Académie française (supprimée par la Révolution, rétablie par la Restauration) a adopté dans son dictionnaire de 1835 entre l'orthographe voulue « savante » de 1694, modifiée en 1740, et l'usage encore sensiblement libre au début du XIXe siècle; cette orthographe de compromis n'a été modifiée en 1878 puis en 1935 que d'une manière insignifiante, pour quelques mots.

Marcel Cohen, Grammaire et Style.

48.6. Style de la lecture d'un texte de prose rythmée.

Mêmes caractéristiques que pour les textes littéraires 48.1 et 48.2. Notez les nombreuses incises de la première phrase et, tout au long du texte, une recherche de la régularité rythmique qu'il faut rendre dans la lecture. (Beaucoup de groupes constituent des alexandrins ou des octosyllabes). Beaucoup d'E caducs et de liaisons sont conservés. Les pauses sont également nombreuses et importantes. Notez les *accents d'insistance* par une barre horizontale au-dessus du phonème d'insistance.

... A dix-huit ans, quand j'eus fini mes premières études, l'esprit las de travail, le cœur inoccupé, languissant de l'être, le corps exaspéré par la contrainte, je partis sur les routes, sans but, usant ma fièvre vagabonde. Je connus tout ce que vous savez : le printemps, l'odeur de la terre, la floraison des herbes dans les champs, les brumes du matin sur la rivière, et la vapeur du soir sur les prairies. Je traversai des villes, et ne voulus m'arrêter nulle part. Heureux, pensais-je, qui ne s'attache à rien sur la terre et promène une éternelle ferveur à travers les constantes mobilités. Je haïssais les foyers, les familles, tous lieux où l'homme pense trouver un repos; et les affections continues, et les fidélités amoureuses, et les attachements aux idées — tout ce qui compromet la justice; je disais que chaque nouveauté doit nous trouver toujours tout entiers disponibles.

André Gide, Les nourritures terrestres.

48.7. Style de la diction poétique traditionnelle.

En poésie, on garde tous les E caducs devant une consonne prononcée :

> *Mystérieusement, l'ombre frêle se tresse*

Valéry, Albums de Vers.

Mais l'E caduc, devant voyelle ou en finale, tombe, comme en prose :

> *La chevelur(e) ondul(e) au gré de la caress(e)*

Valéry, Id.

L'accentuation du vers est plus fréquente, plus régulière, et plus nettement marquée que celle de la prose.

L'alexandrin — qui est l'un des vers les plus fréquents de la poésie classique française — est un vers de 12 syllabes (ou *pieds*). Il est généralement marqué de quatre accents (alexandrin *classique*), plus rarement de trois accents (alexandrin *romantique*).

> *La* **courbe** *de tes* **yeux** *fait le* **tour** *de mon* **cœur**

Paul Eluard.

La diction poétique traditionnelle repose sur la régularité de chaque groupe rythmique (appelé *mesure* en poésie) :

> *Quand vous serez | bien vieille | au soir | à la chandelle*
> [kɑ̃vusəre   bjɛ̃vjɛj   oswaːr alaʃɑ̃dɛl]
>   4   2   2   4

Ronsard.

On allongera, ici, les groupes de 2 syllabes pour atteindre à une parfaite isochronie; du même coup, on mettra en relief *bien vieille* et *au soir*, qui se trouvent être les mots clés de ce vers. Les bons poètes placent d'instinct les mots à mettre en relief dans des mesures courtes, auxquelles l'allongement rythmique donnera de l'importance.

Transcrivez les exemples suivants en phonétique. Notez que les mesures peuvent couper un mot terminé par un *E caduc*, comme dans la première mesure du vers d'Eluard:

> La cour | be de tes yeux | fait le tour | de mon cœur

Notez qu'en poésie on a tendance à ouvrir le plus possible les voyelles inaccentuées. On ne fait donc pas « l'harmonisation vocalique » (voir 13.6.)

Notez également que dans la poésie lyrique l'intonation tend à devenir plane (→).

1º *Mais elle était du monde où les plus belles choses*
Ont le pire destin;
Et rose elle a vécu ce que vivent les roses
L'espace d'un matin.

Malherbe, *Consolation à M. Du Perier.*

2º *Je me souviens toujours que je vous dois l'Empire;*
Et sans vous fatiguer du soin de le redire,
Votre bonté, Madame, avec tranquillité
Pouvait se reposer sur ma fidélité.

Racine, *Britannicus.*

3º *Pleurez, doux alcyons, ô vous, oiseaux sacrés,*
Oiseaux chers à Thétys, doux alcyons pleurez.
Elle a vécu, Myrto, la jeune Tarentine.
Un vaisseau la portait aux bords de Camarine..

A. Chénier, *La jeune Tarentine.*

4º *Midi, Roi des étés, épandu sur la plaine,*
Tombe en nappes d'argent des hauteurs du ciel bleu.
Tout se tait. L'air flamboie et brûle sans haleine;
La Terre est assoupie en sa robe de feu.

Leconte de Lisle, *Midi.*

SENSATION

5º *Par les soirs bleus d'été j'irai dans les sentiers,*
Picoté par les blés, fouler l'herbe menue :
Rêveur, j'en sentirai la fraîcheur à mes pieds,
Je laisserai le vent baigner ma tête nue!
Je ne parlerai pas, je ne penserai rien.
Mais l'amour infini me montera dans l'âme,

— 142 —

Et j'irai loin, bien loin, comme un bohémien,
Par la Nature, — heureux comme avec une femme.

Arthur Rimbaud, *Premiers Vers.*

LA LUNE BLANCHE

6º

La lune blanche
Luit dans les bois;
De chaque branche
Part une voix
Sous la ramée...
O bien-aimée.
L'étang reflète,
Profond miroir,
La silhouette
Du saule noir
Où le vent pleure...
Rêvons : c'est l'heure.
Un vaste et tendre
Apaisement
Semble descendre
Du firmament
Que l'astre irise...
C'est l'heure exquise.

Paul Verlaine, *La bonne Chanson.*

7º

Tes yeux sont si profonds qu'en me penchant pour boire
J'ai vu tous les soleils y venir se mirer
S'y jeter à mourir tous les désespérés
Tes yeux sont si profonds que j'y perds la mémoire.

Louis Aragon, *Les yeux d'Elsa.*

48.8. Style de la conversation.

Les deux textes suivants sont des dialogues pris sur le vif, à l'insu des personnes qui parlent. Ils sont extraits des enquêtes du *Français Élémentaire.*

Le premier texte représente une *conversation familière* quoique d'un style assez soigné. *Suppression normale des E caducs. Peu de liaisons.* Le second texte est d'un niveau nettement *populaire.* On y note de nombreuses altérations morphonologiques, du type : *T'es* au lieu de *Tu es...*

1° « *Et la scène de l'arrivée ? de l'arrivée du marin rentrant chez lui ?*

— *Ça c'est bon.*

— *Ça c'est extraordinaire.*

— *Puis, je suis d'accord. Je dis pas que c'est un mauvais film : Je dis qu'il y a des choses qui sont mauvaises... J'en fais pas un chef-d'œuvre parce qu'il y a des choses de mauvais goût. Et en particulier cette scène du verre, là.*

— *Oui, c'est pas un très bon film. Il y a des choses, là... qui... non... qui ne sont pas dignes du reste.*

— *Mais de quel film parlez-vous ?*

— *Des « plus belles années de notre vie ». Vous l'avez aimé ?*

— *Pas trop.* »

Élaboration du Fr. Élémentaire, p. 241.

2° « *Une fois à Saint-Lazare, tu sais les gens descendent, et puis faut aller tourner à la place, alors, tu sais, un bus, ça se tourne pas comme une voiture... Un taxi, il vient, il allait se mettre là-bas. Il s'arrête juste à ras de moi, comme ça. Puis il voyait que j'allais tourner ! Eh ! ben je lui dis : « Pourquoi que tu t'es mis là ? Tu voyais bien que j'allais tourner ? — Oh ! il dit : « Moi j'ai le temps, je bouge pas. — Tu veux pas bouger ?... » Toc ! j'ai mis en première, j'ai tourné. Puis j'ai emmené son aile, tu sais, tu entendais : crac ! crac ! crac ! Tu voyais la voiture dans le rétroviseur, elle sautait ! — Ah ! arrête!* *Ah ! il gueulait comme un veau ! Ah, j'ai dit : « Mon vieux t'as pas voulu bouger, moi ça me coûtera cent soixante balles »... (...) Tu sais, y a des moments où t'es énervé, hein ?... Puis après tu te dis : « Ah ! à quoi ça sert que j'aie gueulé ? »* »

Ibid., pp. 249-250.

CLÉS DES EXERCICES DE TRANSCRIPTION

Les numéros renvoient aux numéros des paragraphes de chaque leçon.

Après avoir vérifié vos transcriptions phonétiques avec les clés suivantes, exercez-vous à retrouver la transcription orthographique — un blanc a été laissé à cet effet, en face des transcriptions phonétiques ci-dessous. Seuls les principaux changements d'intonation ont été notés ; l'intonation réalisée ici a été donnée ; mais beaucoup d'autres possibilités pourraient être notées.

TRANSCRIPTION PHONÉTIQUE	TRANSCRIPTION ORTHOGRAPHIQUE

2.2

1. ildi ⟋ kilari·vsamdi ⟋ amidi ⟍

1. ....

2. ildi ⟋ kiladɔrmidiminyt ⟍

2. ....

3. ilapriynʃəmi:z ⟋ dãlavali:z ⟍

3. ....

4. ilami ⟍ ynʃəmi·zdənilõ ⟍

4. ....

5. *i:v ⟋ ivasamdiavɛk*mari ⟍

5. ....

2.6

1. tylavy ? ⟋ iltaply ? ⟋

1. ....

2. iltadi ⟋ killavy ? ⟋

2. ....

3. *arty:r ⟋ tyɛdãlalyn ? ⟋

3. ....

4. etysy:r ⟍ kilayynpynisjõ ⟋

4. ....

5. etysy:r ⟋ kə*ʒylavylyzin ⟋

5. ....

2.9

1. ilnuzavy ⟋ tuny ⟍

1. ....

2. sɛtyntut ⟋ pətitrysrus ⟍

2. ....

3. vulizesyrtu ⟋ dy*prust ? ⟋

3. ....

4. vudit ⟋ kəsakutdu·zsu ? ⟋

4. ....

5. etytutafɛsy:r ↗ kilɛsu:r? ↗   5. ....

3.3

1. jɛ:r ↗ *pjɛ.resanjɛs ↗ rjɛbjɛ̃ ↘   1. ....

2. vuzavjemalalœj ↗ akoˑzdysɔlɛj ↘   2. ....

3. ilfokəʒajʃɛrʃedlaj ↗ pur*mirɛj ↘   3. ....

4. vuvwaje ↗ ʒəkrwajɛkəvuzavje   4. ....

    ρeje ↗ sekrɛjõ ↘   ....

5. esɥijevopje ↘ ‖ vurje ↗ evukrije ↘   5. ....

6. sɛtynfijʒãtij ↗ ebrijã:t ↘   6. ....

4.2

1. ʒəsɥizavɛklɥi ↗ ãʒɥẽeãʒɥije ↘   1. ....

2. sɛtfijkryɛl ↗ abitdãsɛtrɥɛl ↘   2. ....

3. sɛrvelefrɥikɥi ↘ avɛksɛtkɥije:r ↘   3. ....

4. lɥi ↗ sɛfɛɥe ↗ pardetryã ↘   4. ....

5. dəpɥiɥitœ:r ↗ ilsãnɥisulaplɥi ↗   5. ....

5.2

1. *lwi ↗ lwɛynvwaty:r ↗ purlɥi ↘   1. ....

2. avwe ↗ kəvuzavjemwɛ̃frwa ↘   2. ....

3. sɛtrɛlwɛ̃ ↘ alwɛst ↗ ʒəkrwa ↘   3. ....

4. ʒəvwatrwazetwal ↗ səswa:r ↘   4. ....

5. õvuvwa ↗ dəmwɛ̃zũmwɛ̃ ↘   5. ....

7.3

1. ʒəvuzɛ̃vita*vɛ̃sɛn ↗ alafɛ̃dlasmɛn ↘   1. ....

2. ɛ̃si ↗ sɛtsɛ̃fɔni ↗ vuparɛɛ̃pɔsiblaʒwe ? ↗   2. ....

3. ʒəvuplɛ̃ ↘ sivudvepɛ̃·drətulmagazɛ̃ ↘   3. ....

4. lesɛ̃dikadezɛ̃dystrid*rɛ̃:s ↗ õtæ̃mitiŋ ↘   4. ....

5. sɛtæ̃sitwajɛ̃ ↗ bjɛ̃sɛ̃patik ↗   5. ....

8.3

1. ʒənvø ↗ okæ̃parfæ̃orɔm ↗   1. ....

2. sɛkɛlkæ̃ ↗ kivjɛ̃d*vɛrdæ̃ ↘   2. ....

3. læ̃di ↗ kɛlkæ̃aã̃præ̃te ↗ lʒurnal ↘   5. ....

4. ɛsæ̃bræ̃ ↗ uynbryn ? ↘   4. ....

5. parfymevu ↗ avɛksəparfæ̃ ↗ aprɛvɔtrə   5. ....

   ʃã̃pwɛ̃ ↘   ....

9.3

1. ã̃trelã̃tmã̃ ↘ ã̃rgardã̃fiksəmã̃ ↘   1. ....

2. ʃã̃ʒelã̃pul ↗ dəsɛtlã̃:p ↘   2. ....

3. *ʒã̃ ↗ rã̃·trədvakã̃:s ↗ ã̃sɛptã̃:br ↘ pɑzavã̃ ↘   3. ....

4. vudã̃sesuvã̃avɛk*ʒã̃ ↗ a*kã̃ea*lã̃ ↘   4. ....

5. ilɛfjɛ·r ↗ kɔmæ̃pã̃ ↘ ã̃smɔmã̃ ↘   5. ....

10.2

1. õdikilsõtrɛbõ ↗ sebõbõ ↘   1. ....

2. lebõ:b ↗ tõ·bdezavjõ ↘   2. ....

3. vwalaæ̃bõbãdʒõ ↗ *ʒã ↘ asejõnudõ ↘   3. ....

4. ilzõleʃvøplyblã ↗ kəblõ ↘   4. ....

5. prãdõ ↘ æ̃bõvē̆blãd*ʃinõ ↗ *ʒã̄ ↘   5. ....

11.3

1. vwalalepisje ↗ elepisjɛ:r ↘   1. ....

2. ɛlplœ:r ↗ kã̆tilplø ↘   2. ....

3. kɛlbo ↗ bɔlã̆tɛ:r ↘   3. ....

4. kɛlbo ↗ kɔlalamɔd ↘   4. ....

5. lɛsləsɛl ↗ syrləsɔl ↘   5. ....

6. lɛsləsœl ↗ avɛkɛl ↘   6. ....

12.3

1. restavɛkɛlalamɛ:r ↘ sɛtete ↘   1. ....

2. fɛrmsɛtfənɛtruvɛrt ↘ siltəplɛ ↘   2. ....

3. ɛskɛlavɛdine ↗ avɛk*miʃɛl? ↗   3. ....

4. ʒireapjeʃelepisje ↗ avɛkɛl ↘   4. ....

5. ʒirɛdãlafɔrɛ ↗ siʒpuvɛ ↘   5. ....

13.3

1. vuzavedeʒatɛrmine ↗ *rɛmõ? ↗   1. ....

2. sɛtetrã:ʒ ↗ ãnefɛ ↘ smelã:ʒ ↘   2. ....

3. mɛrsimesjø ↘ dɛtrərɛste ↘   3. ....

4. ʒneplydesã:s ↘ sɛvrɛ ↘   4. ....

5. desãde ↘ parlɛskaljedpjɛ:r ↘   5. ....

dərjeˑrlamezõ↘   ....

13.8

1. vɛrselte ↗ dãlatejeːr↘   1. ....

2. sɛtæ̃nãsɛɲmã ↗ ideal↘   2. ....

3. ɛlɛbɛt ↗ efɛdebetiːz↘   3. ....

4. sɛtynteriblɛrœːr↘   4. ....

5. kɛltɛt↘ lilɛte ↗ ty↘ !   5. ....

14.3

1. ɛlalezjøblø ↗ eapødʃəvø↘   1. ....

2. sɛtɛdøvjømesjø↘ æ̃pøgatø↘   2. ....

3. sɛtɛtæ̃ʒœnẽʒenjœːr ↗ alœjmalisjø↘   3. ....

4. ilɛmãtœˑreparesø↘ esasœˑrɛvɔløːz↘   4. ....

5. ilvœlæ̃føːtr ↗ dəkulœˑrnøːtr↘   5. ....

15.3

1. sisœlmã ↗ ʒetɛsœlaplœre↘   1. ....

2. kœje ↗ seflœˑrbløte↘   2. ....

3. typøparle ↗ dypœpləmãdlørɔp ↘   3. ....

4. vøtyvniːr ↗ lədøzjɛmʒødi? ↗   4. ....

5. ørøzmã ↗ ilpøtɛtrənøtralize↘   5. ....

16.3

1. ilfɛtroʃo ↗ a*po ↗ ãnɔtən ? ↗   1. ....

2. kɛlbo ↗ ʃaporoːz↘ *simɔn↘   2. ....

3. apɔrt ↗ ləpodoʃoːd↘ kloːd↘   3. _____

4. *pɔlɛso ↗ e*poːlɛsɔt↘   4. _____

5. ynoˑtrəkoˑtdəpɔːr ↗ opɔm↘   5. _____

17.4

1. vɔtrənuvomɔdɛldərɔb ↗ ɛʒɔli↘   1. _____

2. nɔtrɔtɔbys ↗ stɔpagoːʃ↘ ləvotrisi↘   2. _____

3. vuvwalabɔte ↗ etutãbote↘   3. _____

4. dɔneãkɔˑrdəvɔtrəroze ↗ a*mɔris↘   4. _____

5. *rɔbɛːr ↗ ɛtæspɔrtifnɔrmãɔriʒinal↘   5. _____

18.4

1. lavɔka ↗ ɛlɑdɛtrəla↘   1. _____

2. *an ↗ ɛmleprɔmnadadodɑːn ↘   2. _____

3. tyvaobal ↗ a*bɑːl ↗ səswaːr ? ↗   3. _____

4. safam ↗ sɛlaʒœndam ↗ sibavard↘   4. _____

5. ʒəlvwaparfwa ↗ oteaˑtra*vɛrsaːj↘   5. _____

19.3

1. tyaaseatãdy ↗ avɛkteparã↘   1. _____

2. ilselɑse ↗ alasesesulje↘   2. _____

3. *anjɛtaseɑʒe ↗ parɛtil↘   3. _____

4. sitypɑsɛvwaˑr ↗ lə ʃato?↘   4. _____

5. ʒvɛmrɑze ↗ avãdaleoteɑːtr↘   5. _____

20.2

1. ʒəvupɛrmɛ ↗ dərɛstepurdəmãde ↘   1. ....

2. kɛskə ↗ *pɔl ↗ dəmã:d ? ↘   2. ....

3. puvevu ↗ mərsəmle ↗ seʃosy:r? ↗   3. ....

4. ãnefɛ ↘ ilrɛstəpødesã:s ↘   4. ....

5. meteləpardəsy ↗ upardəsu ↘   ....

21.8

1. ʒərɛst ↘ ||tynrɛstəpɑʒyskadmɛ̃ ? ↗   1. ....

2. vwalalpɛ̃ ↘ ||prãlə ↗ emã·ʒlə ↘   2. ....

3. ʒystəmã ↗ ʒvɛaʃtedlepisri ↘   3. ....

4. ilpɑsrasɛtsəmɛn ↗ ulasmɛnprɔʃn ↘   4. ....

5. kədity ? ↗ ildɔ:rdəɔ:r ↗ dəpɥi   5. ....

   ynsəmɛn ? ↗   5. ....

21.10

1. ʒəmdəmã:d ↗ skəvufredmɛ̃ ↘   1. ....

2. ʒənlərkɔnɛpɑ ↘ vulrəkɔnese ↗   2. ....

3. kətfotildəply ↗ purtəplɛ:r ↗ ?   3. ....

4. sɛtɛgzaktəmã ↗ skəʒəntədmã·dpɑ ↘   4. ....

5. ʒəndəvinpɑ ↗ skəvuzɛmərje ↘   5. ....

23.3

1. ʒesɥiviæ̃kurspesjal ↗ ãpsikɔlɔʒidy   1. ....

   tea:tr ↗ eãteɔlɔʒi ↘   ....

— 151 —

2. savwatyr:r ↗ aæ̃pnøapla↘

2. ....

3. ilɛspɛ:r ↗ avwa·rynbɔnnɔt ↗ ãfilɔzɔfi↘

3. ....

4. ilprã ↗ trwagrãpẽblã↘

4. ....

5. ʒəsɥisy:r ↗ kəvɔtrəsakdəbalnœf ↗

5. ....

εʃik↘ *klodin↘

....

24.3

1. ledrasɛʃ ↗ dãleʃã↘

1. ....

2. lətãaeteplybo ↗ oprẽtã↘

2. ....

3. ilnɛmpɑboku ↗ lapsikɔlɔʒi↘

3. ....

4. iljãnasɛt ↗ evuzɛtləsɛtjɛm↘

4. ....

5. kõte↘ leskylty·rdytrãsɛpt↘

5. ....

25.3

1. *pjɛ:rɛmlabjɛ:r ↗ eãbwaboku↘

1. ....

2. ʒepœ:r ↗ kəlbœ:rnəswapɑzãbɑ↘

2. ....

3. õnaapɔrteæ̃pnø ↗ pãdãvɔtrabsã:s↘

3. ....

4. ʒɔbsɛ·rv ↗ kəvuzaveæ̃nabsɛ↘

4. ....

5. *briʒit ↗ lapsikɔlɔg ↗ aynrɔbsal↘

5. ....

26.4

1. tõte ↗ tatiltutotetatu ↗ ?

1. ....

2. iltatã ↗ purprã·drəlebijɛdtɛɑ:tr↘

2. ....

3. vuzetydje ↗ leteɔridlɛstetik? ↗

3. ....

4. sɛnɛt ↗ iljãnasɛtuɥit ↗ dəlɛstalwɛst ↘

4. ....

5. *etjɛn ↗ ãnɛtasõsɛtjɛm ↗ uɥitjɛm ↗

5. ....

metje ↘

....

27.3

1. dɔnemwaladisjõ ↘ *alfrɛd ↘

1. ....

2. admirelavy ↗ onɔˈreosyd ↘

2. ....

3. *david ↗ etydilə *sid ↗ e*mitridat ↘

3. ....

4. vuzadmire ↗ *alfrɛddəmysɛestẽdal ? ↗

4. ....

5. ilareysi ↗ ãsedãpãdãsɛtã ↘

5. ....

28.7

1. ləka:r ↗ ɛtokwẽdlaku:r ↘

1. ....

2. *kamij ↗ vuzakabl ↗ evuzaky:z ↘

2. ....

3. vwalaæ̃rkœj ↗ dəkatrəsãrsɛtdə

3. ....

kɥizin ↗ pursẽfrã ↘

....

4. ki ? ↗ kwa ? ↗ kɔmã ? ↗ kɛlkɛstjõ ↘

4. ....

5. ilvãsẽkãˈtkilodbiftɛk ↗ ʃakʒu:r ↘

5. ....

28.12

1. ilɛklɛ:r ↗ kəsɛtã̃naktœ:r ↗ kiɛm

1. ....

ɛtraklame ↘

....

2. klɛ:r ↗ aynbɔntɛknik ↗ purkrɔnɔmetre ↘

2. ....

3. ʒeyæ̃naksidã ↗ ãtaksi ↘

3. ....

4. õnãtãleko ↗ dlɔrkɛstr ↘   4. ....

5. lɛkspɛˑrɔksidãtal ↗ aænaksãɛksesif ↘   5. ....

29.7

1. nəvuzegarepɑ ↘ gysta:v ↘ laga.rɛtago:ʃ ↘   1. ....

2. *gi ↗ ɛtãpøgẽde ↗ e*margərit ↗ ɛdeza-
greabl ↗ eɛgziʒã:t ↘   2. ....

     ....

3. ʒəvusygʒɛ:r ↗ dəfɛ.rdəlalẽgɥistik ↗
avɛk*alɛksã:dr ↘   3. ....

     ....

4. sɛlasgõ.degɥij ↗ kə*gzavjekɑ:s ↘   4. ....

5. iljadəpɥilõtã ↗ yngrã.degli.z ↗ dãs
fobu.rdəʃɛrbu:r ↘   5. ....

     ....

6. õnɛgzi.ʒãnɛgzamẽ ↗ dybɔksœ.r
mɛksikẽ ↘ ilaswasã.tdizɥitã ↘   6. ....

     ....

31.3

1. vulevuãnœf ↗ udøzø ↗ ?   1. ....

2. sɛtãʃedœ:vr ↗ sãdefo ↘   2. ....

3. ãnefɛ ↘ ilfokɔʒtelefɔn ↗ oʃɛfljø ↘   3. ....

4. ilsufrafrøzmã ↗ dəpɥinœvœ:r ↘   4. ....

5. iljanœfɔrã:ʒ ↗ enœfpɔmalakɑ:v ↘   5. ....

32.6

1. ilsiflₐsuvã ↗ deʃãsõãsjɛn ↘   1. ....

2. vupãse ↗ kəsɛtãkõtrəsã.sẽvrɛsãblabl ↗
nɛspɑ ? ↗   2. ....

     ....

3. *aɲɛs ↗ nəsᵉply ↗ si*sesiladeside

daleosinema ↗ səswa:r↘

3. ....

....

4. səgarsõ ↗ sapᵉrswakilᵉdesy ↗ parsa

fjãse↘

4. ....

....

5. sɛtstasjõɛstival ↗ ɛsplãdid ↗ ãsmɔmã↘

5. ....

32.11

1. nuz�(ē)vãtjõdezᵉvãsjõ ↗ enupɔrtjõde

pɔrsjõ↘

1. ....

....

2. sɛlaɥitjɛmnasjõ ↗ aprɔfitedlᵉvãsjõ

inisjal↘

2. ....

....

3. vwasiynkɛstjõesãsjɛl ↗ osyʒɛdebɛstjo↘

3. ....

4. ʒnãvøply↘ ka.rsnᵉplyzasebo↘

4. ....

5. dəplyzãply ↗ ilvjɛntus ↗ tuleʒu:r↘

5. ....

33.4

1. lœrzãfã ↗ sõfrizeebrõze↘

1. ....

2. vuzaveydemezavãty:r ↗ syrlətrãzat

lãtik?↗

2. ....

....

3. ilzõpɛrdy ↗ uilsõpɛrdy?↘

3. ....

4. vuzãtre ↗ dãlazo.ndəla*so:n↘

4. ....

5. ilzõoze ↗ səoseisi↘

5. ....

34.4

1. ləʃa ↗ seteʃapedãleʃã↘

1. ....

2. ləʃjɛ̃ ↗ lɛʃləsãdwiʃ ↘

2. ....

3. səʃema ↗ ɛtrotɛknik ↗ *ʃarl ↘

3. ....

4. ləkœːr ↗ etɛtakõpaɲe ↗ parlɔrkɛstr ↘

4. ....

5. ləʃiryrʒjɛ̃ ↗ aaʃtelkrɔnɔmɛtrədyʃimist ↘

5. ....

35.4

1. ʒeʃɛrʃelʃa ↗ ʃe*ʒile*ʒã ↘

1. ....

2. laʃat ↗ abylaʒatdələ ↘

2. ....

3. sɛtynʃoːz ↗ kəʒoz.di.roʒeneral ↘

3. ....

4. ʒtəsygʒɛːr ↗ daʃtesʒilɛla ↘

4. ....

5. ʒkrwa ↗ k*ʒizɛlaʒtelʃãpwɛ̃ ↗ kɛla

5. ....

aʃteã*bɛlʒik ↘

....

36.6

1. ləlu ↗ ɛtœ̃nanimal ↗ ɛ̃teliʒã ↘

1. ....

2. ãnavril ↗ nətədeku.vrəpɑ ↗ dœ̃fil ↘

2. ....

3. sõfis ↗ adesursiedesil ↗ tugri ↘

3. ....

4. *ʒil ↗ vøaleobalãvil ↗ a*lil ↘

4. ....

5. sɛtfij ↗ abitdãsafamij ↗ o*brezil ↘

5. ....

37.5

1. *rəne ↗ rirɑrmã ↘ kãtilrakõ.tynistwaːr

1. ....

a*rɔʒe ↘

....

2. ʒarivrea*pari ↗ lprəmjeravril ↘

2. ....

3. ilvaale ↗ ʃelbulãʒeelepisjedykartje ↘

3. ....

4. ilɛfjɛːr ↗ dalealamɛːrãnivɛːr ↘

5. ilmurrɛdpœːr ↗ silvwajɛ̃œ̃gãgstɛːr ↘

4. ....

5. ....

38.3

1. mamɛ.rɛʃarme ↗ parlamyzik ↘

2. sɛtfam ↗ ɛtuʒu.rparfyme ↗ avɛkləmɛm

   parfœ̃ ↘

3. ãnɔtɔn ↗ *marsɛlɛdãzynimã.sfɛrm ↘

4. sɛtynkalɔmni ↗ ilnɛpɑkõdane ↘

5. ʒəvuzãmɛnavɛkmafam ↗ a*amstɛrdam ↘

1. ....

2. ....

   ....

3. ....

4. ....

5. ....

39.3

1. nõ ↗ ilnɛninøːtr ↗ ninɥizibl ↘

2. ilɛvny ↗ eilaãmnespanje ↘

3. ʒnãtãokœ̃sõ ↗ kãtõsɔnalapɔrt ↘

4. sɛtœ̃bõmwajɛ̃ ↗ eynbɔnmwajɛn ↘

5. ʒvudɔn ↗ səspesimɛndəlikɛn ↘

1. ....

2. ....

3. ....

4. ....

5. ....

40.4

1. sezami ↗ nprɛnpɑdani ↗ nidkɔɲak ↘

2. ilkɔɲkɔmilpø ↗ mɛilgɑːɲ ↘

3. vwalaœ̃naɲomaɲifik ↘ ||ilvjɛ̃d*almaɲ ↘

4. *aɲɛs ↗ agaɲeœ̃vwaja.ʒ ↗ ãn*ɛspaɲ ↘

5. ləamo ↗ ɛtãture ↗ dœ̃nanodvɛrdyːr ↘

1. ....

2. ....

3. ....

4. ....

5. ....

42.3

1. mezamiõdøzãfã↘ ||døgarsõ↘

2. prənedypɛ̃↘ ||prənezãdømɔrso↘

3. lœrzetydjã↗ elœrkɔlɛg↗ sõla↘

4. ilvjɛ̃↘ ||vjɛ̃tilãnɔto ?↗ vjɛ̃tɛlosi ?↗

5. iljaœ̃grãtelefã↗ eyngrã.dʒiraf↘

43.2

1. mɛ̃tnã↗ ilɛla↘ ||mɛwi↘ ||bõalɔ:r↘

2. alɔ.r↗ ɛtvuprɛ ?↗ lətã↗ ɛbo↘

3. ildi↘ «ɑ↗ kɛlãfãadɔrabl»↘

4. kã↘ atõylanuvɛl ?↗

5. eiljadeariko↘ eœ̃ʒigo↘

44.4

1. nozami↗ le*õgrwa↘ abitprɛdeal↘

2. leɔlãdɛ↗ sõdeʒaão↘

3. vɔtrəglas↗ fõãno↘ ão↘

4. lezœ̃↗ etɛle*œ̃↘ lezotrə↗ le frã↘

5. prənedyɔma:r↗ aprɛleɔrdœ:vr↘

45.4

1. mɛ(z)ɛlalɛ(t)oteɑ:tr↗ aprɛ(z)avwa.r

   dine↘

2. ʒənsɛpɑ(z)ãkɔ:r↗ sisɛ(t)ase(z)ɛ̃pɔrtã↘

3. ilrɛstɛ(t)asi ↗ pãdã(t)ynœ:r ↘   3. ....

4. ʒəsɥi(z)alevwa:r ↗ defilm(z)ēteresã ↘   4. ....

5. sɛvrɛmã(t)inytil ↗ dəpɥi(z)ænã ↘   5. ....

46.3

1. vuzaveænãfã ↗ ||sɛtynfij ? ↗   1. ....

2. vwalaledøzami ↗ dmedøfrɛ:r ↘   2. ....

3. ilmaprete ↗ trwaukatrəlivr ↘   3. ....

4. ilzari.vtulesē:k ↗ asē.kœ:r ↘   4. ....

5. ʒesēli:vr ↗ syrmatabl ↘   5. ....

6. ʒəlvereasizœ:r ↗ ləsisavril ↘   6. ....

7. ilasɛtuɥitã ↗ emwadissɛt ↘   7. ....

8. vuēzavenfãfã ↘ ilzarivrõlnœf ↘ anœvœ:r ↘   8. ....

9. prəneledili:vr ↗ dəvodizami ↘   9. ....

10. ʒãneɥit ↗ etwa ↗ tyãnadis ↘   10. ....

46.6

1. vētɔmsõtisi ↘ ||iljãnavēakote ↘   1. ....

2. ɛlavētɥitã ↘ ||ʒãnevē ↘   2. ....

3. sekatrəvēpɛrsɔn ↗ õtykatrəvēzã ↗   3. ....
   ləvēɔktɔbr ↘   ....

4. iljɔrakatrəvēõzã ↗ kilɛmɔ:r ↘   4. ....

5. dəpyisãʒu:r ↗ ledøsãzuvrije ↗ sõtã   5. ....
   grɛ:v ↘   ....

6. ilmərɛst ↗ ynpjɛsdəsãfrã ↘   6. _____

7. ləsãɥit ↗ ləsãõ:z ↗ ləvɛ̃ttrwa ↗ el   7. _____

   sɛ̃kãtsɛt ↗ ga:ɲ ↘   _____

8. lenymero ↗ tɛrminepardissɛt ↗   8. _____

   dizɥit ↗ evɛ̃tnœf ↗ pɛrd ↘   _____

9. leõ.zprəmje ↗ eleɥidɛrnje ↗ sɔrt ↘   9. _____

10. ilsrala ↗ dysɛ̃ksɛptã:br ↗ oɥimɛ ↘   10. _____

47.4

[labrijãtkõstelasjõ ↗ degrãzekrivɛ̃ ↗ kisəsõ   _____

tɛ̃poze ↗ olãdmɛ̃dlagɛ:r ↗ |asy:r ↗ (dyrãlezane   _____

trã:t) ↗ larlɛvdemɛ:tr ↗ | *lakrətɛl ↗ *rɔʒemar   _____

tɛ̃dyga:r ↗ *dyamɛl ↗ *ʒylrɔmɛ̃ ↗ *ʃardɔn ↗   _____

*morwa ↗ *ʒirodu ↗ *morjak ↗ *bɛrnano:s ↗   _____

*mõtɛrlã ↗ *aragõ ↗ |nəsõpɑzinego ↗ asɛtfõk   _____

sjõdmɛt:r ↗ |aloeˑr ↗ u(dəvãtø) ↗ *ʒid ↗   _____

*morɑ:s ↗ *klodɛle*valeri ↗ |sõtaspire ↗ par   _____

ləpõtifika ↘ ||]   _____

[*pjɛˑrãrisimõ ↗   _____

||istwardəlaliteratyˑr frãsɛ:z ↘]   _____

48.1

Les flèches indiquent essentiellement un changement d'intonation et correspondent souvent à une pause plus mentale que réelle. Les pauses réelles sont indiquées par une barre verticale.

ləbɔnœ:r ↘ !|||sãdut ↗ |ilami(kɛlkəfwa) ↘   _____

— 160 —

samɛ̃syrlœrzjø ↗ |ilavɛtæ̃viza:ʒ ↗ |iltənɛtu

tɑ̃tje ↗ dɑ̃lrəga·rmisterjø ↗ syrlkɛllœrfrõs

pɑ̃ʃɛ ↗ |ilavɛsadɑ̃site ↗ (sõpwa)esetɛlpwa

dyntɛt ↗ kõtrəlœrepo:l ↘ ||epɥi ↗ ilnetɛplyla ↘

|ekɛs ↗ kəlbɔnœ:r ↗ kinɛpɑtuʒu·rla ? ↘ ||

   ilɛsɛ̃kœ:r ↘ ||lamare ↗ arkuvɛ·rlebɑ̃dsa:bl ↘

||lamɛ:r ↗ ɛdæ̃vɛ·rplypɑ:l ↗ |lauõdispary ↗

ledofo·vdedjø ↘ ||ləsɔlɛjdeklinɑ̃ ↗ |desin ↗

(alasyrfasdezo)|æ̃nevɑ̃tajimɑ̃·s ↗ dəklarte ↘ ||

səmomrəvjɛ̃ ↗ |(kəʒelydɑ̃lsuljedsatɛ̃)|ilnijar

jɛ̃ ↗ purkwalɔmswamwɛ̃fɛ ↗ kəpurləbɔnœ:r ↗ |

edõtilsəlɑ:s ↗ osivit ↘ ||

         *frɑ̃swa   morjak ↘ (ʒurnal) ↘

48.2

   sɛtnɥi ↗ |tulvila·ʒɛsulalyn ↘ ||ilʒɛl ↘ |

leʃmɛ̃sõkɔmdyfɛ:r ↘ ||nuzetjõrɑ̃tre ↗ (lezæ̃e

lezo:tr)nukuʃe ↘ ||setɛfɛ ↘ ||æ̃grɑ̃silɑ̃:s ↘ ||

nuzɑ̃tɑ̃djõ ↗ buʒenopɑ̃se ↗ dɑ̃notɛ:t ↘ ||

ɛlzetɛtɛgzaktəmɑ̃ ↗ kɔmdezwazo ↘ ||aʃak

muvmɑ̃ ↗ |ɛldeplwajedəgrɑ̃dzɛl ↗ plɛndəku

lœ:r ↘ ||setɛtavɑ̃ ↗ lsɔmɛj ↘ ||nuzavjõlezjøfɛr

— 161 —

me↘ ||nuzetjõzetãdy↗ (rɛdkɔmdemɔ:r)

sulɛdraglase↘ ||nunulɛsjõʃofe↗ (pøapø)

parnɔtrəprɔ↗ prəʃalœ:r↘ ||mwa↗ |ʒəpãsɛa

sɛt*demetɛ·reløzinjɛn↗ kətulemõtaɲa·r

mediter/aneẽ↗ adɔrɛ↘ ||

*ʒãʒɔno (levrɛriʃɛs)

48.3

elɛktrɔli·z↗ avɛkreaksjõsgõdɛ:r↘ ||lefenɔ

mɛndelɛktrɔli:z↗ sõrɑrmãosisẽ:pl↗ kədãl

kɑ↗ dyklɔry·rdəsɔdjɔmfõdy↘ ||ləplysuvã↗ |

e zjõ↗ aʒis↗ syrləsɔlvã↗ usyrlezelɛktrɔd↗ |

eõrkœj↗ leprɔdɥi↗ dsereaksjõsgõdɛ:r↘ ||

elɛktrɔli·z↗ dynsɔlysjõdasidsylfyrik↗

avɛkelɛktrɔdãplatin↘ ||õrkoejdəlidrɔʒɛn↗

alakatod↗ edlɔksiʒɛn↗ alanɔd↘ esɛtɛksper

jã:s↗ reali·z↗ ladekõpozisjõdlo↗ ãsezelemã↘ ||

*ʒɔrʒɛ:v (fizik)

48.4

laʒenerɑsjõẽpresjɔnist↗ ene↗ ãtrədizɥi

sãtrã·t↗ edizɥisãkarãteẽ↘ ||*pisaro↗ (lene)

ãdizɥisãtrã·t↗ |*manɛ↗ ãdizɥisãtrãtdø↘ ||

*dəga↗ ãdizɥisãtrãtkatr↘ ||*sezan↗ e*sislɛ↗

ãdizɥisãtrãtnoef↘ |*mɔnɛ↗ |ãdizɥisɑkɑrã·t↘ |

*rənwa:r↗ |*gijomẽ↗ e*bɛrtmɔrizo↗ ãdi

zɥisãkarãteæ̃↘ ||vənydɔrizõdiferã↗ |seʒœn

nɔvatœ:r↗ sərãkõtra*pari↗ vɛrdizɥisãswasã:t↘ |

a*lakademisɥis↘ |*pisaro↗ |*sezan↗ |

*gijomẽ↘ ||eal*atəljeglɛ:r↗ *mɔnɛ↗ |*rən

wa:r↗ |*sislɛ↘ ||dõtilseʃapbjẽto↗ purgaɲe↗

lafɔrɛdfõtɛnblo↗ dabɔ:r↗ |pɥileplaˑʒdəla*

mã:ʃ↘ ||

*fɛrnãazã (diksjɔnɛˑr dəlapẽtyˑrmɔdɛrn)

48.5

lɔrtɔgrafaktɥɛlmããseɲe↗ |nɛpazynɔrtɔ

graf↗ tradisjɔnɛl↘ ||ɛlɛlkõprɔmi↗ kəl*akade

mifrãsɛ:z↗ (syprimeparlarevɔlysjõ)(retabli

parlarɛstɔrɑsjõ)aadɔpte↗ dãsõdiksjɔnɛˑr↗

dədizɥisãtrãtsẽ:k↗ |ãtrəlɔrtɔgraf↗ (vuly

savã:t)dəsɛzsãkatrəvẽkatɔrz↗ (mɔdifje↗

ãdissɛtsãkarã:t↗)elyzaˑʒ↗ (ãkɔˑrsãsibləmã

libr↗ odebydydiznoevjɛmsjɛkl)↘ ||sɛtɔrtɔgraf

dəkõprɔmi↗ |naetemɔdifje↗ (ãdizɥisãswa

sãtdizɥit)(pɥiãdiznœsãtrãtsẽ:k)|kədynman

— 163 —

jɛ·rɛ̃siɲifjã:t ↗ purkɛlkəmo ↘ ||

         *marsɛlkɔɛn (gramɛrestil)

48.6

   adizʮitã ↗ |kã3yfinimeprəmjɛ·rzetyd ↗

(lɛsprĭɭadətravaj)(ləkœrinɔkype)(ĺãgisãdə

lɛtr)|(ləkɔ·rɛg̅zaspere ↗ parlakõtrɛ̃:t ↗)

3əpartisyrlerut ↗ |(sãby)|yzã ↗ mafjɛ· ↗ vrəva

gabõ:d ↘ ||3əkɔny ↗ tuskəvusave ↘ ||ləp̅rɛ̃tã ↗

|ĺodœ·rdəlatɛ:r ↗ |lafĺɔrɛzõ ↗ dezɛr ↗ bədã

leʃã ↗ ||lebrymdymatɛ̃ ↗ syrlarivjɛ:r ↗ |elava

pœ.rdyswa:r ↗ syrleprerĭ ↘ ||3ətravɛrsedevil ↗ |

enəvulymarete ↗ n̅ylpa:r ↘ ||œrø ↗ (pãsɛ:3)

|kinəsataʃarjɛ̃ ↗ syrlatɛ:r ↗ |eprɔmɛn ↗

ynetɛɪnɛlfɛrvœ:r ↗ |atravɛ· ↗ rlek̅õstã:tmɔbi

lite ↘ ||3əɑ̃isɛlefwaje ↗ |lefamij ↗ ĺtuljø ↗

ulɔm ↗ pã·struve ↗ ɑ̃rpo ↘ ||elezafɛksjõ ↗

kõtiny ↗ |elefidelite ↗ zamurø:z ↗ |

elezataʃmãozide ↗ ĺtu ↗ skikõprɔmɛ ↗

la3ystis ↘ ||3ədizɛ ↗ kəĺaknuvote ↗ |

dwanutruve ↗ tu3u·r ↘ tutãtje ↘ dispɔnibl ↘ ||

        *adre3id (lenurity·rtɛrɛstr)

1° mɛzɛletɛ ↗ dymõ:d→uleplybɛ ↗ ....

lə ʃo:z ↗ | ....

õləp̄i· ↗ rədɛstē↘ | ....

ero: ↗ zɛlaveky ↗ səkəv̄i:→vəlero:z→| ....

lɛspa ↗ sədǣmatē↘ || ....

*malɛrb (kõsɔlasjõaməsjø*dyperje) ....

2° ʒəməsuvjē ↗ tuʒu:r ↗ kəʒəvudwa ↗ ....

1*ãpi:r→| ....

esã ↗ vufatige ↗ dyswē ↗ dələrədi:r ↗ | ....

vɔtrəbõte ↗ (madam)avɛktrã ↗ kilite ↗ | ....

puvɛ ↗ sərəpoze ↗ syrmañ ↗ delite ↗ || ....

*rasin (*britanikys) ....

3° p̄loere ↗ duzalsijõ→|ovu ↗ |wazo ....

sakre→| ....

wazo ↗ ʃɛ·ra*tetis→|duʒalsijõ ↗ ....

p̄loere↘ || ....

ɛlaveky ↗ *mirto→(laʒoe ↗ nə*tarã ....

tin ↗)|| ....

ǣvɛso ↗ lapɔrtɛ→tobɔ:→rdə*kama ....

rin↘ || ────────────────

*ãdreʃenje (laʒoen*tarãtin) ....

Remarque

    Le mot alcyons *est prononcé avec une diérèse en poésie. Il a ainsi trois syllabes, alors qu'il n'en a que deux en prose. (Voir les semi-consonnes 3.4.4).*

4º *midi→|*rwadezete ↗ |epãdy→syrla ....

                    plɛn ↗ | ....

ιõ:b ↗ (ãnapədarʒã) ↗ deotoe:r ↗ dysjɛl ....

                    blø↘ || ....

tusətɛ↘|||lɛ·rflãbwa ↗ ebry ↗ ləsãza ....

                    lɛn↘ || ....

la*tɛ: ↗ rɛtasupi→ãsarɔ ↗ bədəfø↘ ....

           *ləkõ·tdəlil (*midi) ....

5º   sãsɑsjõ ....
parleswa·rblø ↗ dete→|ʒire→dãle ....

                  sãtje ↗ ....

(pikɔte→parleble→)fule→lɛr→bə ....

                  məny↘ ....

rɛvœ:r ↗ |ʒãsãtire→lafrɛʃœ:r→ame ....

                  pje↘ ....

ʒəlɛsəre ↗ levã ↗ |bɛɲe→matɛtəny↘ ....

ʒənəpar ↗ lərepɑ↘|ʒənəpã|sərerjɛ̃↘| ....

mɛlamur ↗ ɛ̃ɲini ↗ |məmõtəra ↗ dãla:m ↗ ....

— 166 —

eʒirelwɛ̃→|(bjɛ̃lwɛ̃→)kɔmɶbɔemjɛ̃* ↗ ....

parlanaty:r→|ɶrø ↗ kɔmavɛkynəfam↘ ....

*arty·rrɛ̃bo (prəmjevɛ:r) ....

Remarque.

Notez que dans le cinquième vers, ll y a deux accents secondaires qui ne sont pas à la place habituelle de l'accent rythmique — sur la dernière voyelle prononcée. Ici, ces accents sont des accents d'insistance; l'un sur la syllabe par *de* parlerai, *l'autre sur la syllabe* pen- *de* penserai.

Notez également que le septième vers n'a que onze syllabes si on respecte la rime (rien [rjɛ̃] bohémien [bɔemjɛ̃]). *Pour que le vers soit juste il faut prononcer* [bɔemiɛ̃] *avec une diérèse; la rime est alors pauvre.*

6º lalynəblɑ̃:ʃ ....

laly ↗ nəblɑ̃:ʃ ↗ ....

lɥi ↗ dɑ̃lebwa↘| ....

dəʃ̄a ↗ kəbrɑ̃:ʃ ↗ ....

pa:r ↗ ynəvwa↘| ....

sularame→| ....

ō→bjɛ̃neme→|| ....

letɑ̃ ↗ rəflɛt ↗ | ....

(prɔ̄fɔ ↗ mirwa:r)| ....

lasiluɛt→ ....

dyso:→lənwa:r→| ....

uləvɑ̃→plœ:r↘|| ....

rɛvõ→sɛlœ:r↘|| ....

ɶvas ↗ t̄etɑ̃:dr ↗ ....

— 167 —

apɛzəmã ↗|

sã→blədesã:dr→

dyfirmamã→|

kəlas→triri:z→||

sɛlœ·→rɛkski:z→||

      *pɔlvɛrlɛn (labɔnʃãsõ)

7° tezjø ↗ sõsiprɔfõ→kãməpãʃa→pur

                  bwa:r→

ʒevy ↗ tulesɔlɛj→ivəni:r→səmire→

siʒəte→(a̅muri:r) ↗ tule̅dezɛspere ↘

tezjø→sõsi̅prɔfõ→kəʒip̅ɛ:r→lamem

                 wa:r ↘

      *lwiaragõ (lezjød*ɛl·a)

48.8

1° — elasɛn ↗ dəlarive ? ↗ dəlarivedyma

    rɛ̃ ↗ rãtrãʃelɥi ? ↗

— sasɛbõ ↘

— sasɛtɛkstra ↗ ɔrdinɛ:r ↘

— pɥi ↗ ʒsɥidakɔ:r ↘ ||ʒdipa ↗ ksɛ

tãmɔvɛfilm ↗|ʒdikiljadeʃo:z ↗ ki

sõmɔvɛ:z ↘ ||ʒãfɛpaãʃedœ:vr ↗|

parskiljadeʃoːz ↗ dəmɔvɛgu ↘ ‖eɑ̃

partikylje ↗ sɛtsɛndyvɛːr ↗ |la ↘ ‖

— wi ↘ |sɛpaœ̃trɛbɔ̃film ↘ ‖iljadeʃoːz ↗

|la ↗ |ki ↗ |nɔ̃ ↗ |kinsɔ̃padiɲ ↗

dyrɛst ↘

— mɛdkɛlfilm ↗ parlevu ? ↗

— de*plybɛlzane ↗ dnɔtrəvi ↘ vulave

eme ? ↗

— pɑtro ↘

2° «ynfwa ↗ (a*sɛ̃laza:r)tysɛ ↗ leʒɑ̃desɑ̃:d

↗ epi ↗ foaleturnealaplas ↗ |alɔːr ↗

(tysɛ ↗)œ̃bys ↗ sasturnpɑ ↗ kɔmyn

vwatyːr ↗ ‖œ̃taksi ↗ ivjɛ̃ ↗ ilalɛsmɛtla

bɑ ↘ ‖isarɛt ↗ ʒystarɑdmwa ↗ (kɔmsa)‖

pi ↗ ivwajɛkʒalɛturne ↗ |ebɛ̃(ʒɥidi ↗)

purkwaktytemila ? ↗ tyvwajɛbjɛ̃ ↗

kʒalɛturne ↗ ‖o ↗ (idi) ↗ mwaʒeltɑ̃ ↗

ʒbuˑʒpa ↘ tyvøpabuʒe ↗ ‖tɔk ↗ ʒe

miɑ̃ˑprəmjɛːr ↘ ʒeturne ↘ ‖piʒeɑ̃mne

sɔ̃nɛl ↗ (tysɛ)tɑ̃tɑ̃dɛ ↗ krak ↗ !krak ↗ !

— 169 —

krak! ↗ tyvwajɛlavwatyˑr ↗ dãlretro ....

vizœːr ↗ ɛsotɛ↘ ‖a ↗ arɛt↘ a ↗ igœlɛ ↗ ....

kɔmãevo!↘ a ↗ (ʒedi)mõvjø ↗ tapɑ ....

vulybuʒe↘ mwa ↗ samkutra ↗ sãswa ....

sãˑtbal ↗ ‖tyse ↗ jademɔmã ↗ uteenɛr ....

ve ↗ ɛ̃? ↗ piaprɛ ↗ tytdi ↗ «a ↗ akwasa ....

sɛːr ↗ kəʒɛgœle?↘ ....

Remarques.

  Les principales altérations morphonologiques du francais parlé, qu'on peut relever dans ce texte de langue populaire (c'est un chauffeur d'autobus parisien qui parle), sont :
  1° Suppression du ne de négation, comme dans : ça ne se tourne pas [sasturnpa] ; tu ne veux pas [tyvøpɑ] ; tu n'as pas [tapɑ] ;
  2° Suppression du l de il et de elle, devant consonne, comme dans : il vient [ivjɛ̃] ; il voit [ivwa] ; il dit [idi] ; elle sautait [ɛsotɛ] ; il gueulait [igœlɛ] ;
  3° Suppression du [y] du pronom personnel tu, devant voyelle, comme dans : tu attendais [tatãdɛ] ; après suppression du ne, dans tu n'as pas, on a:[tapɑ] ; tu es: [tɛ] ;
  4° Suppression de il, dans il y a, comme dans : il y a des moments [jademɔmã] ;
  5° Réduction de puis à [pi] et de je lui à [ʒɥi], comme dans : puis, il voit [piivwa] ; puis après : [piaprɛ] ; je lui dis:[ʒɥidi].

CLÉS DES PROBLÈMES

Les numéros renvoient aux numéros des paragraphes.

1.18

1. vi(e), vu(e), ami(es), aim(e), aim(es), aim(ent), sort(e), sort(ent), plui(e), bou(e), sal(e), mèr(e), jeuness(e), attendr(e), demandé(e).

2. vie, vue, ami*es*, *aim*e, *aim*es, *aim*ent, s*o*rte, s*o*rtent, plu*ie*, b*o*ue, s*a*le, mère, jeun*e*sse, att*e*ndre, demand*ée*.

3. et 4. [a/bri/te a/ʒe ɔ/tɔ/mɔ/bil/ bɛl/ʒik by/ro de/fi/ni/sjõ ʒur/nal mã/tœ:r par/lə/mã rar/mã ɛg/zak/tə/mã ak/si/dã sɛ̃/pli/si/te]

5. Pour chaque ligne le nombre des syllabes ouvertes est respectivement de : 13, 12, 15, 14, 11, 12. Dans les lignes correspondantes le nombre de syllabes fermées est : 4, 5, 4, 4, 3, 3. Soit un total de : 77 syllabes ouvertes et de 23 syllabes fermées. *La proportion de syllabes* ouvertes est donc, pour ce texte français — qui représente un bon échantillon de la langue : 77 %.

6. Groupes rythmiques (↗) ou (↘); groupes de souffle (|).

Ce sont les braves ↗ qui meurent ↗ à la guerre ↘ ‖ Pour ne pas ↗ y être tué ↗|
il faut ↗ un grand hasard ↗ ou une grande habileté ↘ ‖ Il faut ↗ avoir courbé la tête ↗
ou s'être agenouillé ↗ | au moins une fois ↗ | devant le danger ↘. Les soldats ↗ qui
défilent ↗ sous les arcs de triomphe ↗ | sont ceux ↗ qui ont déserté ↗ la mort ↘ ‖.
Comment ↗ un pays ↗ pourrait-il gagner ↗ dans soɪ honneur ↗ et dans sa force ↗ |
en les perdant ↗ tous les deux ↘ ‖?

7. mâle, tête, maître, l'être.

2.3

1. *anonyme, cycle, gymnastique, polygone, rythme, cylindre, dynamo, martyr, pyramide, type...*

Mot le plus courant : *y* (pronom personnel ou adverbe de lieu).

2. Peu. Des mots comme : gîte, abîme. Le plus important : dîner. Avec *-ient*, le
pluriel des verbes du type *convier*. Ex. *il convie* [kõvi], *ils convient* [kõvi]
[ai:r mai:s naifʃ]; [ɛ mɛ nɛtr]. [arkaik karaib ʒamaik ʒydaik eʀɔik laik mɔzaik
stɔik ɔvɔid]

2.7

1. *dû, flûte, fût, mûr, piqûre* [piky:r]. Passés simples des verbes comme : courir,
mourir, valoir, recevoir, paraître... aux 1re et 2e pers. du pluriel : Nous courûmes, vous

courûtes, nous reçûmes, vous reçûtes, et les mêmes formes du verbe avoir : nous eûmes [ym], vous eûtes; ainsi que la 3ᵉ pers. du sing. du conditionnel 2ᵉ forme :il eût [ily] chanté. Mais toutes ces formes verbales sont littéraires.

2. [by] [by]; [sy] [sy]; [ny] [ny]
3. [egy fatig kõtigy vag]
4. [kõtigy] [kõtigy]; [ɛgzigy] [ɛgzigy]

2.10

1. *où* (adverbe de lieu) par opposition à *ou* (conjonction de coordination).
2. voûte, croûte, goût, coûte, ragoût.
3. [by ni ry bu ami vy vy si si].

3.4

1. *riez-criez, triez, priez, strier; riant-triant...; rions-prions...; liez-pliez; lions-plions...; liant-pliant...; liant-client* [klijã], *tablier, peuplier, sablier, bouclier.*
Peu en dehors de la conjugaison.
2. [si sje]; [ni nje]; [kri kri/je]; [vja/ljõ]; [aj]; [nuj]; [fa/mij/]; [pa/rɛj pa/rɛj].
3. [kri/je bri/je]; [tri/je etri/je].
4. Voici un exemple de Baudelaire :

Il est de forts parfums pour qui toute ma*tière* (12 syllabes)

[purkitutə matjɛ:r] (synérèse)

Est poreuse. On dirait qu'ils pénètrent le verre.　　(")
En ouvrant un coffret venu de l'Ori/*ent*　　(")

[vəny də lɔrijã] (diérèse : 2 syllabes au lieu d'une)

Dont la serrure grince et rechigne en cri/*ant*　　(")

[erəʃiɲãkrijã] (diérèse)

5. [ãplwaje – ãplwajje; nwaje – nwajje; krwajõ – krwajjõ]
6. Dans les verbes en -*oyer* : *choyer, broyer, déployer, envoyer, festoyer, larmoyer, nettoyer, noyer, ployer, renvoyer, rudoyer, tutoyer.* Verbes peu nombreux. L'opposition /j/ – /jj/ est rare et difficile. Beaucoup de Français la négligent et prononcent *pliiez* comme *pliez.*

4.3

1. [rje] et [rɥɛl] n'ont qu'une syllabe; [kri/je] et [kry/ɛl] ont deux syllabes, parce que 2 consonnes précèdent [i] et [y] dans la même syllabe. Dans un mot comme fermier [fɛr/mje], *i* est précédé de 2 consonnes, mais elles ne sont pas dans la même syllabe.
3. [nɥi nɥe nɥa:ʒ]; [tryɛl trɥit]

4. On ne trouve jamais de [y] ni de voyelles postérieures comme [ɔ], [o], [u], [o], mais on peut avoir [ã] comme dans :

suant [sɥã], Don Juan... – La voyelle la plus fréquente après *U* est *I;* comme dans *suis, lui, nuit, cuit, ruisseau.*

5. Raison de rythme. Exemples :

« La *nuit* porte l'amour endormi sous sa mante » (12 syllabes)
[lanɥi pɔrtəlamu:r]...
(synérèse)

(A. Samain)

« Il était une eau vive où rien ne re*mu/ait;* (12 syllabes)
[urjɛ̃ nərəmy/ɛ] (diérèse)   ('')

Quelques joncs verts, gardiens de la fontaine agreste ('')
S'y penchaient au hasard en un groupe mu/et »
[ãnœ̃grupəmy/ɛ] (diérèse)

(Leconte de Lisle)

« Car nous voulons la *Nu/ance* encor... » (9 syllabes)
[ny/ã:s] (diérèse)

(Verlaine)

5.3

1 et 2. [rje rɥɛl rwe] = une seule syllabe
[kri/je kry/ɛl tru/e] = deux syllabes : *i, u, ou* précédés de 2 consonnes dans la même syllabe.

3. [trɔtwa:r kulwa:r frwa drwa]

4. Raisons de rythme. Exemples :

Après les *soins* comptés de l'exacte semaine (12 syllabes)
[aprɛleswɛ̃kõte] (synérèse)

(Sainte-Beuve)

« D'un érable *nou/eux* il va fendre la tête »   ('')
[dœ̃nerablənuø] (diérèse)

(A. Chénier)

« Qu'on peut ainsi que lui le *jou/er,* si l'on veut » ('')
[ləʒuesilõvø] (diérèse)

(La Fontaine)

6.6

1. [fɛ̃ sɛ̃:ʒ fini fin finwa inodibl ɛ̃teliʒã brœ̃ brœ̃ bryni bryn lynɛt inymɛ̃ ã dã pã pan fan ane ãtuzjast dõ dõ telefɔn sɔn tɔne õtø]

2. Catégorie nasale : *fin, singe, intelligent, brun, bruns, en, dent, pan, enthousiaste, don, dont, honteux.*

3. Catégorie nasale : *tombe, tomber, jambe.*

— 173 —

7.4

1. La graphie *EEN* et quelques mots avec *EN*, comme *examen.*
2. *IN, AIN, OIN.*
3. *AIM, EIM, OIN, YM. AIN* est rare à l'initiale et en finale.
4. En finale : *moyen, doyen, citoyen...*
5. Non. *Oindre* est le seul mot avec *Oing*, autre terme archaïque; on peut donc dire que *OIN* n'existe pas à l'initiale en français moderne.
6. *Chien – chienne, mien – mienne, tien – tienne, sien – sienne, vient – vienne, tient – tiennent, moyen – moyenne, doyen – doyenne, citoyen – citoyenne...*

8.4

1. Dans l'article *un;* inaccentuée.
2. Non, car alors le seul trait distinctif (la labialité) entre /œ̃/ et /ɛ̃/ tend à disparaître.
3. /brɛ̃/ – /brœ̃/; /aʒɛ̃/ – /aʒœ̃/; /defɛ̃/ – /defœ̃/
4. l'*un* – *lin; parfum – par faim; un stable – instable...* Il y en a très peu.
5. Dans le seul mot usuel : *parfum.*

9.4

1. *AEN, AON.*
2. Non.
4. [dɑ̃ ɛgzaktəmɑ̃ vɑ̃:d aprɛn vjɛn]
5. *Jean – Jeanne*   *ardent – ardemmen*
   paysan – paysanne   *constant – constamment*
   prend – prennent   *patient – patiemment*
   apprend – apprennent   *brillant – brillamment*

10.3

1. Devant la graphie *P* ou *B.* A l'initiale devant *P* la graphie *OM* n'existe généralement pas sauf dans quelques mots savants et techniques comme *omphalotomie* [õfalotɔmi].
2. Langue parlée, % ɛ̃ : = 1.4   œ̃ = 0,5,   ɑ̃ = 3.3   õ = 2
   Langue écrite % ɛ̃ : = 1.03   œ̃ = 0.48   ɑ̃ = 3.30   õ = 1.97
3. *pain – pan – pont; bain – banc – bon; teint, temps – thon; daim – dent – dont; quand – qu'on; gant – gond; faim – fend – font; lin – l'un – lent – long; – rein – rang – rond; brin – brun; grain – grand; train – tronc; crin – cran; blanc – blond; plein – plan – plomb...*
4. a) *son – sonne; ton – tonne;* b) *don – donne; pardon – pardonne; canon – canonne; plafond – plafonne; charbon – charbonne; ronron – ronronne; savon – savonne;* c) *Simon – Simonne; Yvon – Yvonne; garçon – garçonne; mignon – mignonne.* Ces alternances distinguent des termes lexicaux (a), et seulement 2 catégories grammaticales (b) et (c.)

11.4

1. Cas 2º : *terre, père, belle, tel, dette, chèque, jette, fête, rêve...*
   Cas 3º : *ceux, deux, feu, bleu, jeu, queue, peu, nœud...*
   Cas 5º : *seau, dos, faux, peau, beau, eau, chaud...*
   Oui, règles sans exception.

2. [sɛm sɔm mɛːr mœːr mɔːr]
   [de dø do ʒe ʒø kø]
   [flɛːr flœːr flɔːr ɑ̃tre ɑ̃trø]
   [deside nymero mɑ̃tœːr vɔlœːr fɛrmje]
   [fɛrmjeːr episje episjɛːr]
   [sɛm] : [ɛ] *accentué, en syllabe fermée* = [ɛ] toujours *ouvert*
   [sɔm] : [ɔ] *accentué, en syllabe fermée* = [ɔ] généralement *ouvert...* etc.

11.7

1º merci, persil, lecteur, heurter, pleurnicher, seulement, porter, sortir, dormir.
2º bête, bêtement; fée, féerique; seul, seulement; donne, donné...

12.4

1. En syllabe fermée : *terre, belle, aime, Belge, perte, verte...*

2. /kle/ – /klɛ/; /de/ – /dɛ/; /fe/ – /fɛ/; /gre/ – /grɛ/; /ge/ – /gɛ/; /pre/ – /prɛ/; /te/ – /tɛ/; /epe/ – /epɛ/; /pwaɲe/ – /pwaɲɛ/; /vale/ – /valɛ/
Non. C'est pourquoi il n'est pas étonnant que beaucoup de Français ne fassent pas cette distinction.

3. /ire/ – /irɛ/; /sre/ – /srɛ/; /fre/ – /frɛ/; /ʒəprɑ̃dre/ – /ʒəprɑ̃drɛ/; /ʒəmɑ̃ʒre/ – /ʒə mɑ̃ʒrɛ/; /ʒeme/ – /ʒemɛ/; /ʒəmɑ̃ʒe/ – /ʒəmɑ̃ʒɛ/.

4. Non. Ces oppositions verbales n'existent que pour les premières personnes du singulier : présent de l'indicatif – subjonctif, futur – conditionnel, passé simple – imparfait.

5. Non. L'opposition lexicale : *je vais manger – je voudrais manger* est plus facile et plus employée, bien qu'elle ne soit pas toujours exactement synonyme

13.4

1. Toujours ouvert, [ɛ], en syllabe fermée.

2. Conforme à la prononciation : *pèlerin, avènement.* Le *è* est ouvert [ɛ] à cause de la syllabe fermée [pɛl/rɛ̃], par suite de la chute du *E* caduc. Même chose pour ces quatre mots.

3. Non.
4. Non.
5. Comme une exception.

13.9

1. [sede ɑ̃tete seʃe vɛtmɑ̃ vety fele]. Orthographe conforme à la prononciation : *cédé, séché, vêtement.*

2. [prɔfɛs] et [kõfɛs] ont comme dérivés avec le même [ɛ] : [prɔfɛsœːr] et [kõfɛsœːr]; [prɔfese] et [kõfese] ont [e] au lieu de [ɛ] à cause de l'harmonisation vocalique.

3. aime > aimé; aide > aidé; mettre > mettez; fête > fêté; caisse > encaissé.
   [ɛm > eme] [ɛd > ede] [mɛtr > mete] [fɛt > fete] [kɛs > ɑ̃kese]

14.4

1. Lorsque la consonne finale est : [r], [j], [f], [v] ou [vr], [pl].
Exemples : *peur, feuille, neuf, neuve, œuvre, peuple.*

2. *E* accentué en syllabe ouverte est le plus souvent fermé; dans cette position *EU* est toujours fermé.

3. [œːr].

4. La terminaison [øːz].

5. *danseur – danseuse; nageur – nageuse; vendeur – vendeuse; blanchisseur – blanchisseuse.*

6. [oef ø]; [boef bø]; [oej jø]. Au pluriel, la consonne finale ne se prononce pas dans ces trois mots; la syllabe ouverte entraîne alors la fermeture de la voyelle.

7. Non, c'est la seule; de même que pour *veule / veulent.*

15.4

1. [sɛʃ sɛʃmɑ̃ soel soelmɑ̃ ploeːr ploere]
   [kafe kafein krø krøze dø døezjɛm]

2. Similitudes : *E* et *EU* gardent, ici, dans les dérivés, le timbre qu'ils avaient dans le mot simple. *Idée, idéal; feutre, feutré; sept, septième...*

16.4

1. *chapeau, veau, allo, bateau, anneau.*
Non.

2. *porc, porte, sorte, morte, démagogue, bol, colle, folle...*

3. Non.

4. Non.

5. *Bauce – bosse; Causses – cosse; hausse – os; taupe – top; saute – sotte; hôte – hotte; Aude – ode; vôtre – votre; rauque – roc; saule – sol; môle – molle; Paule – Paul; paume – pomme; Thônes – tonne; Saône – sonne.*

Dans les oppositions de ce type, à la voyelle fermée correspond une graphie *AU* ou *Ô* et à la voyelle ouverte une graphie *O*.

6. Des mots du lexique.

7. [fo:t o:d ro:d po:z ko:z ato:m].

8. *peu* et *peau* : voyelles accentuées, en syllabe ouverte = [ø] et [o] fermées
   p*eu*r et p*o*rt : voyelles accentuées, en syllabe fermée = [œ] et [ɔ] ouvertes
   ment*eu*se et p*au*se : voyelles accentuées, suivies du son [z] = [ø] et [o] fermées.
   Autres exemples : *queue, cœur, danseuse, ceux, seul, menteuse*
   dos, dort, dose, chaud, choc, chose...

9. Non.

17.5

1. [o], suivi du son [z].

2. Dans les dérivés de mots terminés par [o:z]. Exemples : *rose > rosé, ose > osé, dose > dosé, arrose > arroser.*

3. [fo fodra vo vorjɛ̃ bo boku]

4. Ils se terminent par les voyelles fermées [e], [i], [y]. Il se produit sans doute ici une influence fermante qui empêche le [o] précédant de s'ouvrir. C'est la même influence qui fait fermer le [ɛ] d'un mot comme t*ê*te dans ent*ê*té, têtu...

5. *E, EU, O* inaccentués ont tendance à devenir moyens.

6. Non; *cotté – côté; botté – beauté; hauteur – hotteur*, sont à peu près les seuls.

7. Non.

18.5

1. Graphie *â*. Exemples : *pâte, gâte, âne, hâte, pâtre...*

2. Avec les consonnes finales : *b, d, f, g, kl.*

3. [ɑ:z]. Exemples : *base, jase, phase, case.*

   Mots qui s'opposent directement : *patte – pâte; tache – tâche; Anne – âne; halle – hâle; balle – bâle; malle – mâle.* Il y en a peu. L'opposition ne repose pas seulement sur la différence de timbre mais aussi sur la différence de longueur : /pat/ – /pɑ:t/

4. Non.

19.4

1. *â*. Exemples : *bâton, pâté, âgé...*

2. *matin – mâtin; battons – bâtons; lacer – lasser.* Il y en a très peu.

3. Non. Pour la même raison que pour *A* accentué : rendement faible, différence acoustique faible, et, comme pour toute voyelle inaccentuée, articulation moins énergique.

20.3

1. [ʒəsɛ ʒesɛ məsjø mesjø səgarsɔ̃ segarsɔ̃ dɔnlə dɔnle]

2. Impossible d'intervertir /ə/ et [e] ou [ɛ].
   [rəsəmle rəsãble efɛ pɛrdy ləsɔ̃ səkrɛ rəfɛ:r].

3. *ce garçon – ces garçons; le garçon – les garçons; de vin – des vins; prends-le - prends-les; je dis – j'ai dit.*

21.11

1. [ale ale ãdre ãdre nwa:r nwa:r].
2. Elle indique la prononciation de la consonne finale.
4. Plus.
6. [ləvã ↗ səlɛ:v↘ ilfotãte ↗ dəvi:vr↘
lɛ.rimmã:s ↗ u. ↗ vrerəfɛ ↗ rməmõli:vr↘
lava ↗ gãpudr ↗ o.zəʒaji. ↗ rderɔk↘
ãvɔlevu ↗ pa. ↗ ʒətu ↗ teblui ↗]
7. [lvãslɛ:v↘ ilfotãtedvi:vr↘
lɛ.rimmã:s ↗ u.vrerfɛrmmõli:vr↘
lavagãpudr ↗ o.zʒajirderɔk↘
ãvɔlevu ↗ paʒtuteblui↘

22.9

1. Par la sonorité. La première est sourde, la seconde sonore.
2. Valeur phonémique : [kurrɛ eklɛrrɛ laddã tymmã ynnwa illadi murrɛ
3. [bagkɑse kavsõ:br ro.zkyrjø:z tɛtdəvo sɛpdəviɲ bɛkdəga:z plasdevo:ʒ ʃval ʃmɛ̃
pli gɔlf pleɔnasm realism].

25.4

1. Oui c'est à peu près la même. Mais les groupes graphiques *PPL* et *PPR* n'ont pas de correspondants avec la consonne *B*. Et le groupe [pt] n'a pas d'équivalent sonore en finale.
2. Ces graphies comportent un *e* final, qui sert à indiquer la prononciation de la consonne qui le précède.
3. Jamais.
4. *PR, PL* et *BR, BL*.
5. *PN*, seulement en initiale et en médiale; *BN, BS, BT*, seulement en médiale.
7. *peu – bœufs; pou – bout; la peur – labeur; un pain – un bain; lépreu – l'hébreu; plomb – blond; lèpre – l'Ébre; câpre – cabre.*

27.4

1. *-TE* et *-DE.*
2. Une syllabe. La prononciation de la consonne finale est un moyen d'étoffer le mot, de le rendre plus intelligible.
3. *TR* et *DR*
4. *-TRE* et *-DRE*
5. *inventions* et *portions* se prononcent avec *t* dans les formes verbales *nous inventions* [ɛvãtjõ] *nous portions* [pɔrtjõ] dont le radical *porter* se prononce avec *t*; dans les

substantifs *inventions* et *portions* suivent la règle générale : *ti + voyelle prononcée* = [sj], d'où, dans ce cas : [ɛvɑ̃sjɔ̃] et [pɔrsjɔ̃]

6. *grand ami* [grɑ̃tami] – *grande amie* [grɑ̃dami]; *huit ans* – *huit dents; il est allé* – *il est dallé; il est avant* – *il est d'avant.*

7. *temps* – *dent; ton* – *dont; tout* – *doux; train* – *drain; trois* – *droit; été* – *aidé; c'était* – *cédait; étang* – *aidant; à trois* – *adroit; rate* – *rade; coûte* – *coude; soute* – *soude; quatre* – *cadre.*

29.8

1. Ces distributions sont *complémentaires;* c'est-à-dire que, du point de vue graphique, *C* et *G* n'apparaissent jamais devant les mêmes voyelles que *CU* et *GU.*

2. Dans les groupes consonantiques, la graphie pour [k] est toujours *C* (sauf dans quelques cas *CH*) et pour [g] la graphie est *G.*

3. *Accueil, recueil, orgueil.*

4. *qui, que, quoi, quoique, quel, lequel, duquel, auquel... chaque*
[ki kə kwa kwak kɛl ləkɛl dukɛl okɛl ʃak]

5. *aquarelle, équateur, équation, square, équidistant, équilatéral*
[akwarɛl ekwatœ:r ekwasjɔ̃ skwa:r ekɥidistɑ̃ ekɥilateral]

6. *chœur, archaïque, archéologie, écho, orchestre, psychanalyse, psychologie.*

7. *taxi, occident, exciter, accident, boxeur, luxe, accent, examen, hexagone, exécrable, inexorable, Mexique, Alexandre, vexer.*

8. [egɥij lɛ̃gɥist səgɔ̃]. Si le *e* est prononcé on a : [səgɔ̃] et s'il est supprimé on a [sgɔ̃] avec un [s] *voisé.*

31.4

1. Oui. [f] est une consonne *sourde*, [v] une *sonore.*

2. *FF* n'existe qu'en position médiale; *VV* n'existe pas.

3. [v] n'existe qu'avec la graphie -*VE*, en finale. Au contraire la graphie -*FE* n'est pas très fréquente en finale et le son [f], en finale, est le plus souvent représenté par la graphie -*F* seule.

4. *PH* pour [f] n'existe que dans des mots savants, d'origine grecque : *phi*loso*ph*ie.

33.5

1. Précédée d'une voyelle nasale : *chanson, insiste, valser.* [s] intervocalique : *SS* : *assez...* En finale -*SSE* ou -*CE chasse, casse, bosse, fausse, lace, Nice, race...*

2. [s]; dans des mots comme *svelte* et *disgrâce* le [s] est sonorisé : [svɛlt, disgrɑ:s].

3. [sp], [st], [rs].

4. *Groupe Consonne sonore* + [s] : *dévoisement de la sonore :* j(e) sais [ʒsɛ]; l(e) sel [lsɛl]; m(e) sert-il [msɛrtil].

Groupe [s] + *Consonne sonore : voisement* du [s] : ça s(e) boit [sasbwa]; ça s(e) dit [sasdi]; ça s(e) gomme [sasgɔm]; ça s(e) joue [sasʒu]...

— 179 —

5. Devant les graphies *A, O. U.*

6. Non. Elle n'est possible que devant *E* et *I*, comme dans *descendre, scie...*

7. [tuleʒuːr] [ilsɔ̃tusparti]; [vulezavetus]; [ilsɔ̃tus plygrɑ̃eplyzɑʒe]; [sɛplyo]; ʒnɑ̃vøply]; [ʒɑ̃vø œ̃pøply].

8. Dans *vrai/semblable* et *entre/sol* le [s] appartient à l'initiale des mots *semblable* et *sol*. Dans *trans/atlantique* et *més/aventure*, il appartient au préfixe et devient [z], comme dans la liaison.

9. *S.*

10.

sel – zèle	*hausser – oser*	*hause – ose*
sale	*racé – raser*	*race – rase*
Saône – zone	*cassé – caser*	*casse – case*
sous	*rossé – rosé*	*rosse – rose*
sur	*baisser – baiser*	*baisse – baise*

11. Non; Oui : devant [z], on a [ɑː] et [oː].

35.5

1. *J.*

2. Des mots anglais ou allemands.

3. *-JE.*

4. Jamais en finale absolue; rarement avec le pronom *JE*, en cas d'inversion : *ai-je...* GE n'apparaît que devant A, O, U et en finale.

5. [ʒ] et [s] s'écrivent respectivement *G* et *C* devant les graphies *E* et *I;* mais [ʒ] s'écrit *GE* et [s] s'écrit *ç* devant les graphies *A, O, U.*

6. *a)* [ʒsɛ, ʒpø, ʒkrwa, ʒtruːv, ʒfɛ, ʒʃɛrʃ]. *b)* Par des consonnes sourdes, c'est pourquoi [ʒ] devient sourd [ʒ̊].

7. [ʒvɛ la ʃte] – [ʒvɛla ʒ̊te]. Différence de sonorité entre [ʒ] et [ʒ̊].

8. *J* n'existe qu'en position médiale. *G* n'existe qu'en finale, dans ces groupes.

37.6

1. Même distribution.

2. |murɛ| – |murrɛ| |kurɛ| |kurrɛ| |dyra| – |dyrra| |barɛ| – |barrɛ| |dɔrɛ| – |dɔrrɛ|

3. Non; parce que la différence entre [r] et [l] normalement sonores et [r̥] et [l̥] dévoisés, par assimilation, n'est pas une différence *phonémique*, c'est un accident phonétique qui n'entraîne pas de différence pour la compréhension.

4. Style familier.

Style soigné : [ilmadikilvjɛ̃dra]
[səlɥila] – [vokatrəfrɑ̃]
[ynli.vrə dəpɔm silvuplɛ]
[ɛlmədi kɛladezɔrdrəpresi]
[ilməfodrɛ ynli.vrə dəsykr]

40.5

1. Les voyelles nasales.
2. Suivie d'une consonne ou en finale absolue.
3. -ME, -NE, -GNE
4. lexicale.
5. 0,17. Non. Parce que c'est le plus faible pourcentage des consonnes françaises. Il y a très peu de mots avec [ɲ].
6. Parce qu'il n'y a pas de mots en français standard qui puissent être distingués par l'opposition [ɲ] – [nj] en dehors du couple : *peignez - peiniez.*

42.4

1. *aucune amie, une autre, toute entière, chaque enfant, l'auto, l'homme, certaine affaire, s'il pleut.* Ces cas sont : *le, la, si* et *que.* Pour *le la* et *que* devant n'importe quel mot commençant par une voyelle. Pour *si,* devant le pronom *il* seulement. On dit *s'il* vient, mais *si elle* vient.

2. *grande enfant; autre ami; neuf arbres; première idée; bonne idée; légère averse; moyenne allure.*

3. [z] ne correspond plus aux graphies *S, X;* [t] à *D.*

4. [dezami døzami dizami trwazami ozo:tr ʃezɛl prənezã vazi dɔnzã grãtami kãtilplø dɔrtil õnadi œ̃nami dɛrnjereta:ʒ prəmjerãfã leʒerãɥi].

5. La liaison supprime la différence de prononciation (elle « neutralise » l'opposition) : [sɛrtɛnami] – [sɛrtɛnami]; [sɛrtɛnãfã] – [sɛrtɛnãfã]; [sudɛnami] – [sudɛnami].

43.3

1. Marquer une limite.

Demain ↗ *il pleuvra.* ↘ *Fernand* ↗ *est là.* ↘ *De temps en temps* ↗ *il vient.* ↘ *Il vient* ↗ *en vélo* ↘ .

2. L'absence de liaison, ici, évite la confusion entre *et* et *est.*

3. Non. Seulement après un substantif singulier.

4. /deero/ – /dezero/; /ão/ – /ãno/. Rôle linguistique (phonémique). Il y en a peu; c'est pourquoi l'usage populaire tend à toujours faire la liaison après *des.*

5. *quand* : adverbe interrogatif (pas de liaison); *quand* : conjonction (liaison).

6. [kɛlzuvra:ʒ litil?] [ilsõtrezami] [võtilarive?] [õnari] [atõatãdy?] [ɛlzekut] [võtɛlekute?] [œ̃ptitãfã] [œ̃nãfãadɔrabl] [lətãɛkuvɛ:r] [ʒãnari:v] [*ʒãari:v] [kã ↗ aljøsɛtfɛt?] [kãtaljøsɛtfɛt ↗ õnãparləlõtã] [suvã ↗ ilplø] [vuzɛtbjɛ̃nemabl] [sɛtœ̃bɔnami] [ilabitoprəmjereta:ʒ] [prãtildeariko?] [prənezãœ̃] [prənezã ↗ ãkɔ:r] [dɔnezã ↘ a*pɔl]

7. Dans *bien utile* et *rien à faire, bien* et *rien* font partie du groupe. Ils sont inaccentués. Dans : *je sais bien / où il va, il ne demande rien / avant de partir, bien* et *rien* terminent un groupe, ils sont accentués et l'absence de liaison marque la limite du groupe.

44.5

1º *en haut – en eau; les hauteurs – les auteurs; les héros – les zéros; les hêtres – les êtres; le haut – l'eau; la hauteur – l'auteur; les héros – les zéros; le hêtre – l'être; les Huns – les uns.*

2º Non. Son rôle est d'éviter la liaison et l'élision.

45.5

1. [sɛvrɛmã admirabl] – [sɛvrɛmãtadmirabl]; [mɛ il nɛpaisi] – [pazisi]; [ilari.v dãyn udø minyt] – [dãzyn]; [sɛbokuplyamyzã] – [plyzamyzã]; [sanɛpaɛ̃tɛrdi] – [pazɛ̃tɛrdi]; [ilatãdpɥiynœ:r] – [dəpɥizynœ:r]; [vuzɛtaleavɛklɥi] – [vuzɛtzale]; [ʒdwajaleosi] – [zjale]; [ildwaãprã:dr] – [ildwatãprã:dr]; [səsõdezãfãadɔrabl] – [dezãfãzadɔrabl]; [ilvənɛasizœ:r]]– [ilvənɛtasizœ:r].

2. [ʒəsɥizãkɔlɛ:r] – [ʒsɥiãkɔlɛ:r]; [ʒədwazãnavwa:r] – [ʒdwaãnavwa:r] [ʒəvɛzjale] – [ʒvɛjale] [ʒəsɥizakote] – [ʒsɥiakote]; [ʒəfɛœ̃rezyme] – [ʒfɛœ̃rezyme]; [ʒədwazɛtrəla] – [ʒdwaɛtrəla] [ʒəvɛzjasiste] – [ʒvɛjasiste].

3. [ilɛtajœ:r] – [ilɛtajœ:r]; [ilɛtami] – [œ̃tami]; [sɛtakse] – [sɛtakse]; [ilɛtase] – [ilɛtase]; [ilɛbjẽnymid] – [ilɛbjẽnymid]; [ilɛtuvɛ:r] – [ilɛtuvɛ:r]; [tropoze] – [tropoze]; [yntã.ta*sjõ] – [yntãtasjõ]; [le vɛtmãsasɛrdɔto] – [sasɛ.rdɔto].

RÉFÉRENCES BIBLIOGRAPHIQUES SOMMAIRES

Cette bibliographie sommaire n'est donnée qu'à titre indicatif. On trouvera de nombreuses autres références dans chaque volume spécialisé cité.

I. *Phonétique française et phonétique générale.*

Introduction : Lire d'abord B. Malmberg, nᵒ 9 et l'excellent ouvrage de F. Carton, Nᵒ 108.
Les autres études sont d'un abord plus difficile. On lira avec profit les études de Straka, nᵒˢ 12 et 13, et l'excellent ouvrage, très technique, de Lafon, nᵒ 5.

1. DURAND, M. : La phonétique, ses buts, ses domaines, in : *Orbis*, 2, 1953, pp. 213-224.
2. ESSEN, O. von : *Allgemeine und angewandte Phonetik*. Berlin, 1953.
3. FOUCHÉ, P. : *Études de phonétique générale*, Paris, 1927.
4. GRAMMONT, M. : *Traité de phonétique*. Paris, 1950.
5. LAFON, J.-Cl. : *Message et phonétique*. Paris, 1961.
6. LÉON, P. R. et MARTIN, P. : *Prolégomènes à l'étude des structures intonatives*, Didier. Montréal, Paris, Bruxelles, 1970.
7. LÉON, P. R., FAURE, G. et RIGAULT, A. (éd.) : *Prosodic Feature Analysis / Analyse des faits prosodiques*, Didier. Montréal, Paris, Bruxelles, 1970.
8. *Le Maître Phonétique*. Organe de l'Association phonétique internationale. 1886, sq.
9. MALMBERG, B. : *La phonétique* (P.U.F. Que sais-je?) Paris, 1954.
10. MALMBERG, B. : *Structural Linguistics and Human Communication*, Berlin, Gottingen, Heidelberg, 1963.
11. MOLES, A. et VALLANCIEN, B. : *Phonétique et phonation*. Paris, 1966.
12. STRAKA, G. : Durée et timbre vocaliques. Observations de phonétique générale, appliquées à la phonétique historique des langues romanes, in : *Zeitschrift für Phonetik und allgemeine Sprachwissenschaft*. Vol. 12, 1959, pp. 276-300.
13. STRAKA, G. : La division des sons du langage en voyelles et consonnes peut-elle être justifiée? In : *Travaux de linguistique et de littérature* (Centre de philologie et de littératures romanes), nᵒ 1. Strasbourg, 1963, pp. 17-74.
14. TARNEAUD, J. et BOREL MAISONNY, S. : *Traité de Phonologie et de Phoniâtrie*, Paris, 1951.
15. ZWIRNER, E. v. K. : *Grundfragen der Phonometrie*. Berlin, 1936.

II. *Phonétique descriptive et phonétique pratique du français.*

Beaucoup de ces ouvrages, quoique vieillis, présentent encore de l'intérêt. Leur défaut est sans doute de se répéter. Pour une introduction essentiellement pédagogique et orientée vers des vues plus modernes (concept phonémique, notion de fréquence, de rendement et techniques de correction) voir Léon-Léon, nᵒ 26. L'aspect phonétique comparative a été excellemment traité par P. delattre, nᵒ 18 et E. Companys, nᵒ 17. Voir aussi les excellents manuels pratiques nᵒˢ 28 et 39.

16. CALLAMAND, M. : *L'intonation expressive*, Hachette-Larousse, Paris, 1972.
17. COMPANYS, E. : *Phonétique française à l'usage des hispanophones*, Hachette-Larousse. Paris, 1965.
18. DELATTRE, P. : *Principes de phonétique française, à l'usage des étudiants anglo-américains*, Middlebury, 1956.
19. DEMERS, J., CLAS, A. et CHARBONNEAU, R. : *Phonétique appliquée*, Montréal, 1969.
20. FOUCHÉ, P. : *Traité de prononciation française*. Paris, 1959.
21. GRAMMONT, M. : *La prononciation française. Traité pratique*. Paris, 1958 (I, édit., 1914).
22. GREGG, R. J. : *A student Manual of French Pronunciation*, Toronto, 1963.
23. KAMMANS, L.-P. : *La prononciation française d'aujourd'hui*. Amiens-Bruxelles, 1960.
24. KLEIN, H. W. : *Phonetik und Phonologie des heutigen Französisch*, Munich, 1963.
25. LÉON, P. R. : *Laboratoire de Langues et Correction phonétique*. Paris, 1962.

26. Léon, P. et Léon, M. : *Introduction à la Phonétique corrective*, Hachette-Larousse, 1964.
27. Léon, M. : *Exercices systématiques de prononciation française*, vol. 1 et vol. 2, Hachette, 1964.
28. Léon, M. : *Improving French Pronunciation*, Centre Éducatif et Culturel, Montréal, 1972.
29. Malmberg, B. : *Phonétique française*, Hermods, Malmö, 1969.
30. Martinon, Ph. : *Comment on prononce le français*. Paris, 1913.
31. Mormile, M. : *Éléments de phonétique statique française*. Rome, 1956.
32. Mihaescu, E. A. : *Fonetica limbi franceze*, Bucarest, 1965.
33. Nyrop, Kr. : *Manuel phonétique du français parlé* (traduit et remanié par E. Philipot). Copenhague, 1951.
34. Passy, P. : *Les sons du français*. Paris, 1895, 1913.
    Passy, P. : *Le français parlé*. Leipzig, 1908.
35. Peyrollaz, M., Bara de Tovar : *Manuel de phonétique et de diction françaises*. Paris, 1954.
36. Rigault, A. et al. : *Grammaire du français parlé*, Paris, 1971.
37. Rosset, Th. : *Exercices pratiques d'articulation et de diction*. Grenoble, 1923.
38. Sten, H. : *Manuel de phonétique française*. Copenhague, 1956.
39. Valdman, A. and al. : *A Drillbook of French Pronunciation*. New York-Londres, 1963.

III. *Études plus spécialisées en phonétique expérimentale ou en phonétique descriptive du français.*

Toutes ces études présentent de nombreux points intéressants : Chigarevskaïa, n° 40, pour une vue générale de la question, et G. Straka, nᵒˢ 58, 59; pour les tendances du français contemporain, nᵒˢ 55 et 59; pour les facteurs d'intonation, les travaux importants de Faure, n° 43.

On trouvera également dans l'ouvrage de Lafon, n° 5, les statistiques d'occurence des phonèmes, reproduites dans le présent ouvrage. (Elles sont extraites d'une étude antérieure de J. C. Lafon et pour les statistiques de la langue écrite d'une étude de P. Chavasse.)

En dehors des nombreuses études de phonétique française de P. Delattre publiées surtout dans la *French Review*, une vue récente de l'ensemble des problèmes a été exposée dans le n° 42.

40. Chigarevskaïa, N. : *Traité de phonétique française*, Moscou, 1966.
41. Coustenoble-Armstrong : *Studies in French Intonation*. Cambridge, 1937 (I. édit. 1934).
42. Delattre, P. : *Studies in general and French phonetics*. Mouton, 1966.
43. Dauzat, A. : *Qui est-ce qui ll'a, je ll'ai*. *FM*, VII (1939), pp. 71.
44. Dauzat, A., Grammont, M. : *La prononciation des speakers à la radio*. *FM*, VIII, 1940, pp. 105-108.
45. Durand, M. : *Étude expérimentale sur la durée des consonnes parisiennes*. Paris, 1936.
46. Durand, M. : *Voyelles longues et voyelles brèves. Essai sur la nature de la quantité vocalique*. Paris, 1946.
47. Faure, G. : *L'intonation et l'identification des mots dans la chaîne parlée*, (*Proceedings of the 4 th Int. Congress of Phon.*), 1962, pp. 598-609.
    Id. : « Aspects et fonctions linguistiques des variations mélodiques dans la chaîne parlée », (*Proceedings of the 9 th Congress of Linguists*), 1964, pp. 72-77.
48. Fouché, P. : *L'état actuel du phonétisme français* (*Conf. de l'Inst. de Ling. Paris*, IVᵉ année), 1936.
    Id. : *Phonétique historique du français. Introduction*. Paris, 1936.
49. Gill, A. : *Remarques sur l'accent tonique en français contemporain*. *FM*, 1936, pp. 311-318.
50. Langlard, H. : *La liaison dans le français*. Paris, 1928.
51. Léon, P. R. : « Modèle standard et système vocalique du français populaire des jeunes parisiens », *Contributions canadiennes à la linguistique appliquée / Current Trends in Applied Linguistics*, G. Rondeau, éd., C.E.C. Montréal, 1972.
52. Marouzeau, J. : *Accent et intonation*. In : *Notre langue*. Enquêtes et récréations philologiques. Paris, 1955, pp. 14-34.
53. Pichon, E., Damourette, J. : *Questions de liaison*. *FM*, 1936, pp. 347-353.
54. Rigault, A. : *Rôle de la fréquence, de l'intensité et de la durée vocaliques dans la perception de l'accent en français*, (*Proceedings of the 4 th Int. Congress of Phon.*), 1962, pp. 735-748.
55. Simon, P. : *Unité et diversité du français*, *F.d.M*, 69, déc. 1969.
56. Weinrich, H. : *Phonologie der Sprechpause*. In. : *Phonetica* 7, 1961, pp. 4-18.
57. Straka, G. : *Système des voyelles du français moderne*. *Bulletin de la Faculté des Lettres*. Strasbourg, 1950, pp. 1-41 et 220-233.
58. Straka, G. : *La prononciation parisienne. Ses divers aspects et ses traits généraux*. Strasbourg, 1952.
59. Straka, G. : *Tendances phonétiques du français contemporain*. In : *La Classe de français*, 1958, pp. 354-362 et 1959, pp. 35-40.

IV. *Aspect phonémique — ou « phonologique » — du système français.*

L'introduction indispensable est A. Martinet, n° 73, pour une présentation fonctionaliste, moderne, du phonétisme français. Une vue plus abstraite, illustrant les théories de l'école structuraliste de Prague avait été donnée par G. Gougenheim, n° 62. Les n° 62 et 73 sont complétés par les observations précieuses de B. Malmberg, n° 68, 69, 70. Une vue d'ensemble des problèmes de la linguistique française est donnée par Martinet dans l'excellent n° 75. (Voir en particulier l'analyse phonologique, pp. 1-96). Pour un approfondissement plus technique de ces questions, en particulier les notions, souvent évoquées dans le présent ouvrage, de rendement fonctionnel, neutralisation, etc... voir n° 76, surtout pp. 1-195 et les très intéressants articles de Faure, n° 60.

Une introduction aux problèmes d'économie phonétique d'une lecture agréable, très bien documentée, est fournie par la thèse de H. Frei, n° 61. Certaines données en sont mises au point dans Martinet, n° 76. Pour une synthèse des problèmes physiologiques acoustiques et linguistiques on se référera à l'ouvrage extrêmement dense et scientifique de B. Malmberg, n° 10.

60. FAURE, G. : Le rôle du rendement fonctionnel dans la perception des oppositions vocaliques distinctives du français, *(In Honour of Daniel Jones)*, Londres, 1964, pp. 320-328.
 Id. : « Contribution à l'étude du statut phonologique des structures prosodématiques », *Studia Phonetica* 3, pp. 93-108, 1970.
61. FREI, H. : *La Grammaire des fautes*, Paris, 1929.
62. GOUGENHEIM, G. : *Éléments de phonologie française*. Étude descriptive des sons du français au point de vue fonctionnel. Paris, 1935.
 Id. : Système grammatical de la langue française. Paris, 1938.
63. HAUDRICOURT-JUILLAND : Essai pour une étude structurale du phonétisme français. Paris, 1949.
64. JAKOBSON, R. : Observations sur le classement phonologique des consonnes, *(Proceedings of the Third International Congress of Phonetic Sciences*, Gent 1939, pp. 34-41).
65. JAKOBSON, R., LOTZ, J. : Notes on the French Phonemic Pattern. In : *Word 5*, 1949, pp. 151-158.
66. JAKOBSON, R. : *Essais de Linguistique générale*, traduit et préfacé par Nicolas Ruwet, Paris, 1963.
67. JONES, D. : *The Phoneme. Its Nature and Use.* Cambridge, 1951.
68. MALMBERG, B. : Observations sur le système vocalique du français. *Acta linguistica* II, (1940-41), pp. 232-246.
69. MALMBERG, B. : Le système consonantique du français moderne. *Acta Universitatis Lundensis, Nova Series*, XXXVIII. Lund, 1943.
70. MALMBERG, B. : *Les domaines de la phonétique*, Paris, 1971.
71. MARTINET, A. : Remarques sur le système phonologique du français. *Bulletin de la Société de linguistique de Paris*, XXXIV (1933), pp. 191-202.
72. MARTINET, A. : La phonologie. *FM*, VI (1938), pp. 131-146.
73. MARTINET, A. : *La prononciation du français contemporain*. Témoignages recueillis en 1941 dans un camp d'officiers prisonniers. Paris, 1945 2ᵉ éd. 1972.
74. MARTINET, A. : *Phonology as Functional Phonetics*. London, 1949.
75. MARTINET, A. : *Éléments de linguistique générale*. Paris, 1961 6ᵉ éd. 1966.
76. MARTINET, A. : *Économie des Changements phonétiques*, Berne (2ᵉ édit.), 1955.
77. MARTINET, A. : *Langue et fonction*, Paris, 1969.
78. SCHANE, S. A. : *La phonologie générative* (trad. N. Ruwet; *Langages* 8), Paris, 1967.
79. TOGEBY, K. : *Structure immanente de la langue française.* Copenhague, 1951.
80. TRUBETZKOY, N. : *Grundzüge der Phonologie.* Prague, 1939. *Éléments de Phonologie* (trad. Cantineau).

V. *Phonétique et Graphie.*

Les influences réciproques de la prononciation et de la graphie ont été généralement bien étudiées dans ces travaux. On trouvera dans tous les traités d'orthoépie la même présentation classique de la graphie aux sons. Pour une vue moderne du problème consulter A. Valdman, n° 83 qui préconise une démarche analogue à celle que nous avons tenté de suivre dans cet ouvrage, des sons à la graphie. A. Valdman critique les présentations traditionnelles et propose des suggestions très intéressantes. Voir également dans les ouvrages précédemment cités de Malmberg, en particulier n° 69, l'influence de la graphie sur la prononciation (notamment en ce qui concerne les cas de liaison, les semi-consonnes, les cas d'élision et le h aspiré). Voir également Léon, n° 99 pour une étude littéraire d'une orthographe phonétique.

81. FOUCHÉ, P. : Phonétique et orthographe. In : *Où en sont les études de français*. Paris, 1935; Supplément, 1948.
82. HOREJSI, V. : Analyse structurale de l'orthographe française, *Phil. Pragensia,* n° 5, 1962, pp. 225-36.
83. VALDMAN, A. : Not all is wrong with French Spelling, *FR.*, 1963-1964, pp. 213-23.

VI. *Dictionnaires de prononciation.*

On trouve encore de très bonnes références dans les n°s 84 et 85. Le dictionnaire de Warnant, n° 86, reproduit fidèlement, dans l'ensemble, la norme phonétique du français parisien décrite par P. Fouché, n° 20. Le point de vue phonémique n'est pas indiqué.

84. BARBEAU, A., RODHE, E. : *Dictionnaire phonétique de la langue française.* Stockholm, 1930.
85. MICHAELIS, H., PASSY, P. : *Dictionnaire phonétique de la langue française.* Hannover, 1914.
86. WARNANT, L. : *Dictionnaire de la prononciation française.* (Gembloux-München), 1962.

VII. *Phonostylistique.*

Une introduction très théorique à ces problèmes apparaît dans Troubetzkoy n° 105. On consultera avec profit également toutes les autres études, plus concrètes. On trouvera des indications pédagogiques dans le n° 98. Une tentative d'organisation méthodologique fondée sur des expériences pratiques a été effectuée dans le n° 100 où est exposé le système des différentes fonctions expressives des messages oraux en français moderne. Les n°s 87 et 101 montrent les rapports entre message oral et message écrit sur le plan phonostylistique. Les n°s 92, 93 et 97 traitent surtout du langage poétique; le n° 94 est une intéressante étude sur les rapports entre phonation et comportement social.

87. BALIGAND, R. : *Les poèmes de Raymond Queneau, Étude phonostylistique*, Studia Phonetica 6, Didier, Montréal, Paris, Bruxelles, 1972.
88. BALLY, Ch. : *Précis de stylistique française.* Genève, 1905.
89. DELATTRE, P. : « Les attributs physiques de la parole et l'esthétique du français », *Revue d'esthétique*, (3-4) 1965, pp. 240-254.
90. DELATTRE, P. : « La nuance de sens par l'intonation », *French Review*, 41 (3), 1967, pp. 326-339.
91. ELVERT, W. Th. : *La versification française*, Paris, 1965.
92. FÓNAGY, I. : « L'information du style verbal », *Linguistics*, 4, 1964, pp. 19-47.
93. FÓNAGY, I. : « Le langage poétique, forme et fonction », *Problèmes du Langage* (Diogène), Paris, 1966, pp. 72-116.
94. FÓNAGY, I. : *La métaphore en phonétique*, Studia Phonetica, Didier, Montréal, Paris, Bruxelles, (à paraître).
95. GRAMMONT, M. : *Le vers français.* Paris, 1954.
    Id. : « Phonétique impressive », pp. 379-429, in *Traité de phonétique*. Paris, 1933.
96. GUIRAUD, P. : *La stylistique.* Paris, 1960.
97. JAKOBSON, R. : A la recherche de l'essence du langage, *Problèmes du langage*, (Diogène, NRF), Paris, 1966, pp. 22-38.
98. LÉON, P. R. : « La phonostylistique » in *Laboratoire de Langues et correction phonétique*. Paris, 1962, pp. 170-182.
99. LÉON, P. R. : « Phonétisme, Graphisme et Zazisme », in *Études de linguistique appliquée*, vol. I, 1963, pp. 70-84.
100. LÉON, P. R. : *Essais de phonostylistique*, Studia Phonetica 4, Didier, Montréal, Paris, Bruxelles, 1971.
101. LÉON, P. R. : « Éléments phonostylistiques du texte littéraire, *Problèmes de l'analyse textuelle*, Didier, Montréal, Paris, Bruxelles, 1971.
102. MAROUZEAU, J. : *Précis de stylistique française.* Paris, 1959.
103. MORIER, H. : *Dictionnaire de rhétorique*, Genève, 1962.
104. SAUVAGEOT, A. : *Les procédés expressifs du français.* Paris, 1957.
105. TRUBETSKOY, N. S. : « Phonologie et phonostylistique » in *Principes de phonologie*, trad. fr. Paris, 1957, pp. 16-29.

VIII. *Additions récentes.*

106. BIBEAU, G. : *Introduction à la phonologie générative du français, Studia Phonetica* 9, Didier, Montréal, Paris, Bruxelles, 1975.
107. CATACH, N., GOLFAND, J., METTAS, O., PASQUES, L. : *Dictionnaire historique de l'orthographe française*, Fascicule d'essai, CNRS-HESO, Paris, 1976.
108. CARTON, F. : *Introduction à la phonétique du français*, Bordas, Paris, 1974.
109. GRUNDSTROM, A. et LÉON, P. (éd.) : *Interrogation et intonation, Studia Phonetica* 8, Didier, Montréal, Paris, Bruxelles, 1973.
110. LÉON, M. : *Improving French Pronunciation*, Montréal, Centre Éducatif et Culturel, 1973.
111. MARTINET, A. et WALTER, H. : *Dictionnaire de la prononciation française dans son usage réel*, France, Expansion, Paris, 1973.

Imprimé en France par HÉRISSEY à ÉVREUX
Dépôt légal : septembre 1984
N° d'impression : 35450